U0024041

投機理財

股票投機的簡易操作

股票只能投機，不能投資；
因為披著「投資」羊皮的投機，
是非常危險的操作！

朱文祥 著

自序

2008 年美國金融風暴襲捲全球，造成股市重挫，當絕大部份投機客都處於悲觀及恐懼時，大投機客巴菲特卻勇於進場買進股票，包括高盛銀行及奇異電子，這就是巴菲特成功的方法，其實是很簡單的道理，當投機機會來臨時，逆勢操作，然後耐心等待下一波多頭機會的降臨，因此，巴菲特發表文章表示，他已經將現金資產轉變為股票組合，用行動證明以低價買進美國的未來。各位投機朋友們，如果你們誠心將大投機客巴菲特當作學習的榜樣，也請用行動證明，將現金買進績優的股票，表示對台灣未來的信心。

本人累積近二十年實務經驗，加上菩薩的灌頂，讓我領悟股票投機，其實是件簡單的事情，只有一句話：「**做好風險管理，然後選對績優股，逆勢操作，耐心持有**」。做好風險管理也是很簡單，兩件事情，第一做好資產配置，第二用閒置資金，但是，就是有人無法做到，例如這波的空頭走勢，竟然有退休人員，將全部的退休金買進股票，因為看好「馬上好」，最終是嚴重套牢，影響其退休生活，至於融資戶也同樣悽慘。各位投機讀者，請記得，沒有人可以準確預測股市未來發展，且所有大投機客，都不是靠精準的預測，

累積財富，因為，成功投機客所需具備的條件，是高度的情緒
管理，尤其是耐心的等待功夫，所以，請讀者不要期待閱讀本
書，可以學習準確預測股價漲跌，或避免套牢，或消除風險。

　　本書的完成，非常感謝秀威出版社總經理宋政坤的熱誠
襄助，沒有他的引導，本書的所有觀點，仍將停留在我的腦
海裡，其次感謝出版社的工作同仁及我的家人。當然，有緣
的投機讀者們，如果，本書對於你們的理財有幫助的話，請
接受我的祝福，若有不同看法，或任何問題，請不吝指教。

朱文祥　2008年10月24日

Email: eagle.chu@msa.hinet.net

◆ 貳、股票投機的情緒管理 ◆

◆ 參、股票投機能力的提升 ◆

◆ 補充說明 ◆

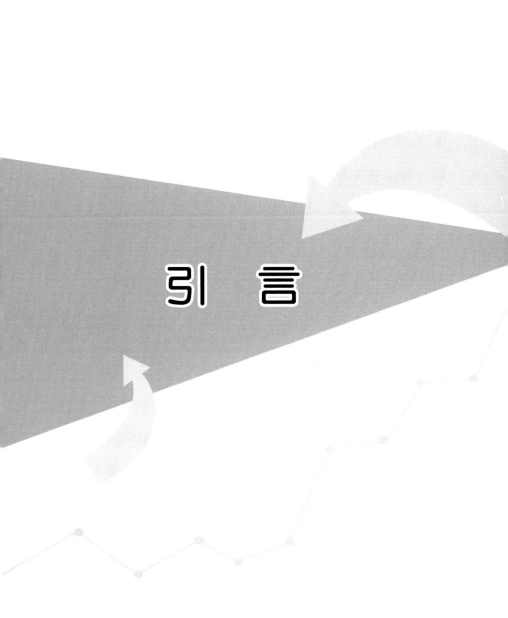

引　言

本書宗旨在教導讀者簡易的股票投機理財，所謂簡易投機法就是「選對績優股，逆勢操作，耐心持有」，因此本書中心思想就是「*績優股，逆勢作，耐心等*」

投機理財的正名

本書之命名為《*投機理財*》，不是要標新立異，而是將長期被誤用的名詞正名化，古人曰：「名正而後言順」，唯有先建立起投機理財的正確觀念，才能達成理財目標。*投機理財的目標有兩項，一是享受退休生活，二是致富*，本書的主旨在教導讀者成為一位成功的投機客。

將自己定位成投機客

本人奉為投機聖經的著作《蘇黎士投機定律》明確指出，只有將閒置資金投入風險的投機客，才能享受利潤的果實，本人最欣賞的大投機客科斯托蘭尼，則明白的將自己定位成「*我是投機客始終如一*」。讀者唯有將自己定位成投機客及擺脫投資的束縛，才能邁向理財的目標。

"]

"]

投機與投資的差別

　　長久以來，我們都被教育成要投資理財，並且認為投資才是正確的理財方法，且絕大多數人都視投機為短線操作，甚至將投機客視為賭徒，因此不屑於做投機的事情，認為投機似乎有罪惡感，但是本人願意鄭重澄清，所謂投資只是名稱好聽而已，絕大多數人都是在追求價差的利潤，既然是以賺取價差為目的，這就是投機，一般人甚至教科書，都以持股時間長短，定義投資與投機的差別，很容易誤導大眾忽略股票的風險，以為投資就是長期持有，卻忽視公司基本面呈現惡化的事實，因此請讀者務必認清*投機理財是以賺取價差為目地*，且持股時間也可以長達一年以上，*投資理財則是以固定收益及保本為目的。*

唯有投機才能理財

　　唯有投機才能達成理財退休或致富目標，*投機理財的重要金融商品之一就是──股票*。本書主旨在於教導讀者，利用股票「買低賣高」的投機策略達成理財目標。投資理財無法達成安享退休或致富目標，因為*投資理財的主要目標，是*

賺取固定收益及保本，投資理財是將資金投入低風險金融商品，既然是低風險，當然是只能賺取低利潤，因此無法用低利潤理財方法，達成享受退休生活及致富的目標。

買低賣高的簡易投機

簡易投機，但絕對不是懶人投機，或隨便買隨時買。讀者一定覺得很好笑，連小學生都知道這個道理：股票操作就是買低賣高，是的，本人也覺得很好笑，數千年前的中華商祖范蠡，就是利用「賤買貴賣」操作農產品，而成為大投機客，老祖宗留下的智慧，後代人卻沒有善加利用。這種買低賣高的簡易理論，就是告訴讀者，股票操作是簡單的事情，但是卻被許多專家搞複雜了，因為股票投機所需具備的條件，不是高度的 IQ（專業知識），而是高度的 EQ（情緒管理）。***本書核心理念就是聚焦於股票，教導讀者選擇績優股之理財工具，然後利用「買低賣高」的投機策略達成理財目標。***

股票的投機理財

投機策略的主要精神，就是將閒置資金投入高風險的理財工具——股票，成功的投機客就是利用股票操作，每年賺

13

取高報酬，長期累積下來，透過「複利」的巨大效果，最終達成理財目標。*本書主旨就是教導讀者，將閒置資金投入高風險金融商品——股票，利用「買低賣高」的方法，每年賺取至少15%的高利潤，長期累積下來，透過複利的巨大效果完成理財目標。*

理財就是勇於面對風險

風險，每一個人都不喜歡且都想逃避，甚至想盡辦法消除風險，但請讀者謹記在心，絕對沒有害怕風險而能夠投機理財，唯有將閒置資金投入風險，且勇於面對風險，才能夠達成理財目標，風險是要管理而不是害怕，成功的投機客知道，先做好風險管理，然後耐心等待機會的來臨，當市場充滿悲觀的投機機會時，迅速做出買進的決策，將閒置資金勇於投入高風險股市中，耐心等待獲利機會的來臨。

因此*本書目的是教導讀者成為一位成功的投機客，而一位成功的投機客必須具備兩項條件：*

一是有良好的情緒管理（高度的EQ）

二是買低賣高的能力（平凡的IQ）

本書將就三項主題，加以敘述：壹、股票理財的重要性；貳、股票投機的情緒管理；參、股票投機能力的提升。

壹

股票理財的重要性

股市充滿理財機會

　　本人始終認為股票市場就如同一座金礦山，裡面充滿財富的機會，因此每一位投機客，都可以利用股價波動的機會，採用買低賣高的策略賺取利潤，以達成理財的目標。

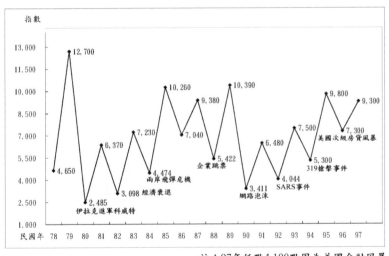

註：97年低點4,100點因為美國金融風暴

圖一　台灣股價指數波動圖

投機理財的重要性

投機就是賺取價差創造高利潤，唯有每年維持高利潤，才有機會完成理財的重要目標，享受退休生活及致富，本人希望教導讀者，利用股票投機來達成理財目標。

(一) 享受退休生活

1、理財享受退休生活

本人希望教導讀者成為成功的投機客，只有成功的投機客才能安享退休生活，有人說過人生的最大悲哀是「錢用完了，但還繼續活著」，為了避免悲劇的發生，讀者必須立即採取行動。成功投機客必須具備的兩項條件，一是有良好的情緒管理（高度的 EQ），二是提高買低賣高的能力（平凡的 IQ），就能達成理財的第一項目標——享受退休生活。

2、理財需要企圖心及長期投入

經常聽到有讀者說，資金不夠或是薪資低無法理財，及知識不足或沒有時間如何理財，本人必須鄭重的告訴各位，資金不充分，薪資低，知識不足，或沒有時間，絕不是影響

理財能力的重要因素，重要的是有理財的企圖心，且長期間持續的投入。本書將告訴讀者，資金不充分或知識不足，絕對不會影響理財的目標。

3、只要小額資金就可理財

就資金而言，讀者最重要必須要有穩定的收入，至於薪資低並不會影響資金的投入，因為有穩定的收入，才能在35歲以前，儲蓄至少三十萬的資金，一旦有三十萬的資金，就能利用股票投機的方式，達成理財退休生活的目標。

本人舉例說明如下：

一位35歲的投機客，將三十萬資金投入風險性的資產——股票，每年以15%的報酬率複利計算，20年後本金加上利息的總餘額是四百九十一萬，也就是說利用三十萬的資金，透過股票投機的方式，二十年後可以創造出四百九十一萬的退休金，若再加上勞保老年給付及新制的退休給付，相信應該足以安享退休生活，上述例子充分說明，長期投入加上複利的效果，所累積的巨大財富效果，就連愛因斯坦也說複利效果的威力比原子彈還大。因此理財規劃退休金的三項條件，一是儲蓄資金三十萬，二是長期的投入二十年，三是每年的報酬率15%。讀者要展現理財的企圖心，首先必須儲蓄三十萬資金，然後投入二十年的時間，至於每年維持至少

15% 以上的報酬率，就是本書教導讀者如何完成。依據本人近二十年的實務經驗，只要讀者認真學習，應能達成每年至少15% 以上的獲利目標，或許有些讀者無法在 35 歲以前，累積三十萬的資金，因為必須繳房貸、車貸及教育費用等，那麼補救的辦法就是將退休的時間延長至 55 歲以後，只要讀者展現強烈的理財企圖心，及長期投入的耐心，資金絕對不是影響理財的因素。

上述 35 歲的例子，當然是指目前尚未 35 歲的讀者，若是超過 35 歲的讀者要完成理財退休的目標，則必須提高兩項因素，一是提高投入的資金三十萬以上，二是提高報酬率每年 15% 以上，本人的建議是以提高投入資金為主要方法，因為提高報酬率的方式，將促使股票操作暴露在極高度風險中（有關複利的計算方式請參閱 P153 附表複利因子之計算公式）。

4、只要平凡的知識就可理財

就知識而言，成功的投機客必須具備兩項條件，一是有良好的情緒管理（高度的 EQ），二是買低賣高的能力（平凡的 IQ），情緒管理的重要性大於股票的知識。成功的投機客只要具備平凡的 IQ，能持續不斷根據本書的教導，提高股票操作的能力，就能完成理財退休的目標。長期以來，讀者都被教育成需要很精準的預測能力，及使用很複雜的分析工

具，總是認為股票操作的知識不夠，因此害怕將資金投入高
風險股市中，以至於無法完成理財退休的目標。

請各位讀者就從現在起，拋開知識不足的枷鎖，因為沒
有任何人是依靠精準的預測能力，來達成理財的目標，成功
的大投機客科斯托蘭尼，說過一句股票操作的至理明言：
「逆勢操作，耐心持有」，在這八個字裡面，沒有一個字與
預測能力有任何關連，請問有多少人可以做到這八個字？
是否耐心等待買點或賣點的來臨？是否能在股市悲觀氣份
中，勇於逆勢進場？只要讀者能做到這八個字，就已經具
備成功投機客的基本條件，根本不需要準確預測指數的漲
跌，及很精確預估個股未來的 EPS，因為沒有人可以準確預
測未來，本書的重點就在教導讀者，運用這八個字來達成理
財退休的目標。

（二）致富

1、致富之道就是三位一體

每個人都想致富，致富之道就是三位一體加上運氣，三位
一體指的是投入資金大，每年的報酬率極高及長時間的投入。

本人舉例說明如下：

一位 35 歲的投機客，將兩百萬資金投入風險資產股票，
每年以 32% 的報酬率複利計算，20 年後本金加上利息的總

餘額是五千一百四十萬，也就是說利用兩百萬的資金透過股票投機的方式，二十年後可以創造出五千一百四十萬的財富，所以致富之道必須是三位一體，包括兩百萬資金，每年 32% 的極高報酬率，及二十年的時間加上運氣，所以說「大富靠天命，小富靠努力」。

因此理財致富，就是將資金投入極高風險中，唯有願意承擔極高風險者，才能致富，若將資金投入低風險的產品上，如銀行定存及持有公債者，將永遠無法達成致富的目標，想想看，世界上絕大多數的富豪，都是將資金投入高風險而累積財富，例如本人最欣賞的大投機客科斯托蘭尼，這位猶太裔的德國人，就是靠金融商品的投機累積財富，他說「我是投機客始終如一，且投機客是指有遠見的戰略家」，且說股票投機的致勝之道就是「耐心持有，逆勢操作」，成功投機客的條件是有耐心及膽識，將資金勇於投入風險中，絕非短線操作的賭徒，請讀者認清投機與投資差別的事實，且將自己定位成股市的投機客。例如巴菲特自小學開始，在父親的教導下投入股市，經過長時間不斷的練習及經驗的累積，並採用價值投資法創造出非凡的績效，個人的財富總額亦列為前三大富豪之一；例如比爾蓋茲，這位哈佛大學肄業生投入文書軟體的研發，並且以車庫為工作室，經過長期的研究與努力，終於完成舉世無雙的文書處理軟體，且投入資金勇於面對創業風險創辦微軟公司，並進而成為全球最大的

軟體公司，個人也擠身為全球前十大富豪之一；例如蔡萬霖乃國泰集團的創辦人，將資金投入不動產風險之中，由於經濟的高速成長，帶動土地價格的飛漲，成為全台灣最富有的富豪之一；例如彼得林區，曾經是高爾夫球廠的桿弟，自十二歲起，就熱愛股票的研究，成為富達基金經理人掌管麥哲倫基金，在近十三年管理期間，報酬率高達二十七倍，資產規模也自數千萬美元急速擴充至數百億，個人也累積大量財富而在四十幾歲退休；其它如吉姆羅傑斯及索羅斯等，皆是將大筆資金投入高風險，且經過長時間累積致富的實例。

2、富爸爸與窮爸爸的差別

另外《富爸爸與窮爸爸》一書中，也強調身為富爸爸者將不斷教育下一代，唯有經由長期的理財，讓現金收入永遠大於現金支出，才能完成理財的目標，至於窮爸爸者將教育下一代，只要認真念書考上好學校，將來找份穩定的工作，平平安安的過一生。但是窮爸爸的下一代缺乏理財能力，致使他們的現金收入始終低於現金支出，終其一生被財務的負擔所困擾，本書的作者清崎先生，認為最佳的理財工具是股票及不動產。

《今周刊》曾經做過一份理財能力的調查，發現大多數人不懂得如何理財，且大多數人對理財工具如股票，基金及不動產等，皆似懂非懂，更談不上利用理財工具來累積財

富。大多數人理財的方式，就是將資金擺在銀行定存，不敢將資金投入風險中，如果利用複利因子表的公式計算，假設某人將 100 萬元放銀行定存，年利率假設是 3%，預估 20 年後將累積成 180 萬，但是另一位將 100 萬投入股票投機的理財工作，假設年報酬率是 15%，則 20 年後將累積成 1,600 萬，此例正足以說明富爸爸與窮爸爸教育下一代的差異，對他們一生財富的累積將是多大的影響。

本人寫此書的基本目地，是希望每一位讀者，至少能達成理財退休的目標，至於能否達成理財致富的目標，本人在此衷心的祝福讀者「神明保佑你有好運氣」。

理財需要長期的投入

（一）長期理財的巨大效果

一個關於長期理財而致富的著名故事，兩百年前美國有一位印地安原住民賣一塊土地取得 10 美元，將此資金投入風險性資產，若以每年 10% 的報酬率複利計算，經過兩百年的時間累積，本金加利息所形成的餘額，足以買下現在紐約州的曼哈頓地區。再如一位 35 歲的投機客，將 30 萬資金投入風險性資產股票，每年以 15% 的報酬率複利計算，20 年

後本金加上利息的總餘額是 491 萬。上述實例充分說明長期投入，加上複利效果，所累積的巨大財富效果，就連愛因斯坦也說，複利效果的威力比原子彈還大。複利效果決定於三項重要變數包括時間，報酬率及本金，若時間愈長則複利效果愈大，因此理財愈早愈好，所以說年輕讀者的優勢就是時間，當擁有時間優勢時，就可以容忍小額資金的劣勢；若缺乏時間優勢的讀者，則必須提高投入的本金（P153 附表有舉例說明）。

本人誠心的建議讀者，從小就開始教育小孩接觸股市及股票，有兩點很重要的根據，第一點愈早理財愈好，若能從小學開始接觸股市，並經過長時間的教育，必能較一般人提早累積股市的經驗及知識，根據複利公式的效果，若能提早理財的行動，則財富發揮的效果更加巨大。現代父母親都知道，培養外語及專業能力必須愈早愈好，但卻忽略理財能力的培養也必須自小學開始，也許部份父母親無力教育小孩，本人建議儘早幫小孩開股票戶頭，且依資金狀況買進績優股，並要求小孩經常了解股市及持有股票之基本面；另外選購有關理財的書籍嚴格要求他們閱讀，選購書籍的重點包括，培養良好的情緒管理，及如何挑選績優股，請父母親務必謹記《富爸爸與窮爸爸》一書的理論精隨，富爸爸自孩子小時候開始就教育他們理財的重要性，且嚴格要求小孩提高理財的能力。第二點大投機客科斯托蘭尼，彼得林區及巴菲特

都是自小開始就接觸股市，加上他們持續的努力，最終達成理財致富的目標，因此所有理財專家都說理財要愈早愈好。

(二)長期操作及長期持有股票的差別

　　長期操作股票及長期持有股票是不同的意義，長期操作著重在波段的買進及賣出，持股時間短則半年，長則兩年，也就是說選對績優股長期的波段操作，例如看好台積電就利用利空時買進，利多時賣出，直到台積電不符合績優股的條件，然而長期持有著重在經營績效的爆發性，也就是說持有股票直到獲利出現爆發性，或獲利由高檔滑落時，長期持有股票時間至少五年以上，長期操作股票表示選對績優股，利用利空股價重挫時買進，當利多股價大漲時賣出，期望經由買低賣高的操作，達成每年穩定的獲利目標。至於長期持有股票，則表示持有股票成為股東，目的為介入經營權，例如創投公司，將資金投入具有潛力的未上市公司，甚至派專業人士介入未上市公司的經營，一旦公司的獲利大幅成長且掛牌上市，則預期報酬率高達數十倍甚至百倍，另外如私募基金，購併經營不善但產業前景看好的公司，經過多年的改造，獲利再度大幅成長推升股價大漲，預期報酬率也高達數十倍甚至百倍。無論是長期操作股票或長期持有股票的目的，都是以賺取價差為主，因此皆能達成理財的目標，但是

長期操作較符合大多數人的人性，且以追求波段獲利為目標，當然預期報酬率較低，然而長期持有股票，只有適用於專業人士及少數大投機客，當然預期報酬率可以高達數十倍甚至百倍，兩者的共同點都是長期間的投入，所以說長時間對理財是非常重要的因素，想想看所有靠理財致富的富豪如科斯托蘭尼、巴非特、比爾蓋茲，蔡萬霖及郭台銘等，都是靠長期間的資金投入累積出巨大的財富。

聚焦於股票

股票的特性

本人以為將資金投入風險性產品可歸納為三類：股票，債券及不動產，其中股票的特性最適合每一位投機客，因為股票具有下列特性：

1、投入資金有彈性

買進一張股票的資金只要數萬元，達成理財目標的資金也只需要數十萬元即可，隨著時間的演進，投入的資金也將提高，完全視個人的閒置資金而定，但是不動產及債券卻需

要投入龐大的資金，並非每一位投機客都能負擔得起，由於投入股票的資金較小如三十萬即可，則經由股票累積財富的時間相對較長，通常需要二十年以上的時間；然而投入不動產致富的時間比較短，因為投入本金至少數百萬以上，投機的遊戲規則非常公平。

2、流動性高

股票的流動性高是指買進賣出非常方便，流動性高的股票通常是市場看好的熱門股，及大型績優股；流動性高的股票也代表股票的風險較低，因為當面臨突發性利空時，比較容易賣出股票換回現金，至於流動性低的股票則風險較高，另外由於證券商的良性競爭及網路的發達，促使買賣股票非常方便。至於不動產資金的投入至少需要數百萬元，且一旦投入則需要較長的時間賣出，其流動性較低所以風險相對較高，當然不動產的預期報酬率較股票高。

3、專心比較能成功

專心研究一種風險性商品股票，比較能達成理財的目標，每一位投機客的時間及精力都有限，若要經由股票的操作來累積財富，必須長時間才能發揮複利因子的巨大效果，股票的操作必須要長時間的投入，才能培養出寶貴的經驗，經驗的累積則有助於做出正確的買進及賣出的判斷，例如就

基本面而言，當使用股價分析的模型 EPS x 本益比，來研判股價的買進價位時，本益比的使用應該使用多少倍數，是八倍，十倍或十五倍，對買進價位判斷的差異將非常大，影響股價的利多或利空因素非常複雜，相同的資訊也有不同的解讀，例如董監改選題材，或土地開發題材是否應該買進股票，且對於資訊的正確解讀，也需要長時間專心於股票的研究，另外投機組合通常包括數支股票，影響每支股票的利多及利空因素隨時會發生，唯有專心看好股票組合的每一支股票，才能達成預期的理財目標。

4、資訊較容易取得

目前網路發達只要在電腦前輸入個股的網站，或進入證期會架設的公開資訊觀測站，所有上市及上櫃公司的基本面資料，皆能一目了然，至於網路或媒體上的資訊是否為落後資訊，而無助於股價的研判？當然不會，完全決定於解讀資訊的功力，及選擇有用的資訊。

至於應該如何選擇有用的資訊？必須是對公司的獲利發展有利的資訊，或對股價上漲有利的資訊才值得研究，可以掌握下列大原則：

(1)就影響個別公司的資訊而言

A.資訊是否影響公司誠信及公司治理：例如中華電信公司於 2008 年 3 月公告資訊，該公司匯兌損失近四十億

元，表面看由於台幣的大幅升值，造成公司的匯兌損
失是正常的事情，因為多數外銷公司都遭受台幣大幅
升值的損失，但仔細研究發現，是因為內部控管出現
嚴重問題，才造成匯兌的嚴重虧損，此種資訊是嚴重
傷害公司的治理應屬於重大資訊；相反地，台積電公
司公告資訊，將聘請世界大廠惠普公司的前總經理擔
任獨立董事，以強化台積電公司治理的公信力，應屬
於有利公司發展之重大資訊，至於媒體資訊，有關於
張忠謀董事長預測未來半導體景氣，尤其是一年後的
預測可以做為參考，但是不要依據此項預測，做為買
進或賣出的決策

B. 資訊是否影響公司聚焦於本業：例如數年前台泥公司
發布資訊將出售和信電信公司，使台泥可以更專注於
本業水泥的發展，再如統一企業出售萬通銀行，促使
公司可以更聚焦於食品本業的發展，上述資訊皆是有
利於本業正面發展的重大資訊，至於研究員發布資
訊，預測台泥及統一下個月營收將會成長，請不要以
下個月營收成長的資訊，做為買進股票的重要依據；
再如晶圓代工大廠聯電公司，公告資訊將轉投資熱門
產業太陽能電池業，顯示該公司將脫離本業晶圓代工
的專注，此項資訊屬於不利公司發展之重大資訊，至
於研究員發表資訊，預測聯電公司未來一年的 EPS 數

字，請讀者不需花時間研究此項數字的正確性，更不要根據EPS的數字，做為買進或賣出的決策。

C. 資訊是否影響公司的市佔率：例如華通公司公告資訊，在大園廠擴大產能投資興建高階的IC載板，唯一的大客戶就是英特爾，當時本人與研究員就判斷兩大風險，一是單一客戶風險集中，二是技術尚未成熟，由於華通當時是國內最大的印刷電路板廠，且董事長也野心勃勃，企圖長期主宰國內的市場，連南亞印刷電路板廠也尊稱華通為一哥，但是事與願違且正如我們所擔心，由於技術尚未成熟，促使大園廠的良率始終無法達到客戶的要求，最終英特爾竟然轉單，該公司因為此次重大的錯誤投資，造成市佔率大幅下滑，股價也自200元的歷史天價，重挫至一度跌破面值，雖然曾回到面額以上但仍然弱勢。至於研究員發布資訊，預測華通的EPS可望自0.5元成長至1.0元，也請保持冷靜的心，因為買股票的邏輯是買公司的未來競爭力，而不是買跌深反彈；再例如矽統公司主要產品是晶片組設計，也曾是國內市佔率高的IC設計公司，董事長劉曉明企圖轉型為一貫廠，因此投入巨額資金興建半導體生產工廠，與設計及生產分工的產業發展趨勢，背道而馳，並且說有晶圓廠的男人才是真男人，當時就有同業公司不看好矽統擁有晶圓廠，因為

31

必須爭取更多訂單填滿產能，且折舊費用非常高，果
然由於投資的錯誤，促使公司市佔率急劇下滑，並且
虧損連連，最終被聯電公司併購。

(2)就影響大盤的資訊而言

　A.資訊是否影響資金市場：當資訊顯示有助於台幣升值
　　或利率下降時，應有利於市場資金的寬鬆，進而有利
　　於多頭市場的形成，例如外資持續將資金匯入國內，
　　或是中央銀行調降利率，有關於台幣及利率動向，只
　　要注意每天的財經新聞，就可以充分掌握，請讀者務
　　必記得，不需要投入時間收集資訊，預測未來台幣及
　　利率的絕對數字，只要花點時間閱讀相關財經報導，
　　就可以充分掌握匯率及利率的動態。

　B.資訊是否影響市場的信心：當總體經濟或非總體經濟
　　的資訊，有助於市場信心的形成，則有利於多頭市
　　場，例如主計處公告，第一季的經濟成長率高達5%
　　以上，預測全年經濟成長率可以達到5.5%以上，或是
　　政府將大幅調降遺產與贈與稅，吸引資金回流國內等
　　資訊的發布，皆有利於多頭市場的形成。有關於總體
　　經濟及非總體經濟的資訊動向，只要注意每天的財經
　　新聞，就可以充分掌握，也請讀者務必記得，不需要
　　投入時間收集相關資訊，預測總體經濟的絕對數字，

只要花點時間閱讀財經報導，就可以掌握總體經濟及非總體經濟的資訊動態。

有關資訊運用的說明，可以歸納幾項重點：

A. 資訊的使用要有效率：資訊必須是有助於研判公司獲利的發展，或是大盤的多空趨勢，主要資訊包括公司的誠信度，專注於本業及公司的市佔率，與資金動態及總體與非總體之資訊等，現在資訊發達的時代，不是缺乏資訊而是資訊氾濫，所以務必確實掌握有用的資訊，常聽到研究員或甚至知名分析師說，時間不夠且每天研究股票與行情到深夜，我的第一個反應是沒有掌握重點且浪費生命，通常這些人是在工作不是想賺股市的錢，因為他們都喜歡用非常複雜的分析工具，妄想準確的預測未來。

B. 資訊使用要以事實為主：請讀者務必記得，成功投機客是能夠正確解讀已經發生的資訊，不是依靠準確的預測能力，例如正確解讀中華電信發生匯兌損失，有損公司的治理，或正確解讀台積電聘請惠普前總經理擔任獨立董事，應屬有利公司發展之重大資訊，或正確解讀華通與矽統公司重大投資的錯誤，及正確解讀2008年政黨輪替，新政府提出多項利多政策，包括兩岸周末包機直航與開放中國觀光客來台等。但是5月20之後，指數竟然自9300點重挫至4100點，跌幅高達56%，當時絕大

多數人都看好指數將呈現多頭行情，同期間也有許多資訊不斷報導，國內將有通貨膨脹的壓力，且預期中央銀行將調高利率壓制通膨，央行果真於6月27調高存款準備率，且造成當日指數大跌300點，試問當絕大多數人看好政府之利多政策，且同時又發生通貨膨脹的利空環境時，是否正確解讀利多及利空之資訊，讀者應該要培養正確解讀資訊的能力，而不是如蜜蜂採蜜般的辛勤工作，大量收集資訊，冀望能準確預估公司未來一年，甚至於三年的EPS，或未來六個月營收的變化，或猜測政府將端出何種有利於股市的牛肉政策等。請不需要擔心預測能力的不足，而是要擔心有無正確解讀資訊的能力，同時也不需擔心資訊發生時，股價是否已經充分反映，因為股市輸贏的關鍵，是正確解讀資訊的能力，不是精準的預測能力，請了解華通及矽統公告重大投資案時，股價仍然在高檔，數年前台泥公告出售和信電信時，股價仍然在低檔，及國內面臨通貨膨脹壓力時，指數仍然在高檔。如果能正確解讀事實的資訊，對公司或股市未來的發展，絕對有充裕的時間，做成買進或賣出的決策，請讀者明瞭本人的原意，是利用「事實」的資訊做預測，不是不要做預測，股價當然是反應未來的資訊，例如正確解讀華通錯誤的重大投資，未來必將拖累公司的獲利，由於正確預測該公司獲利必將大幅衰退，

當然看空股價的走勢，再例如由於能源及原物料高漲，造成國內通膨壓力時，預測 2008 年的經濟成長率必將比 2007年差，當然 2008 年的股市表現會較去年差，因此投機客必需培養正確解讀資訊的能力，也就是平凡的 IQ，進而確實掌握個股股價，及指數發展的趨勢，提高解讀資訊能力的方法，就是專注於影響趨勢的重要資訊，包括個別公司的誠信資訊，聚焦本業的資訊，市佔率資訊，及影響大盤的資金資訊，總體與非總體經濟的資訊等。

　　讀者如果仍然不放心，若沒有精準的預測能力，或不知道尚未發生的資訊，將如何操作股票，本人願意不厭其煩的再說明如下：

　　所謂尚未發生的資訊包括三大類：

　　第一類是突發性資訊：例如 2004 年 3 月 19 陳總統槍擊事件，2003 年 3 月13 亞洲地區發生 SARS 事件，2001 年 9 月 11 美國發生恐怖攻擊事件，及1999 年 9 月21 國內發生有史以來死傷慘重的大地震等，都屬於突發性的利空資訊，且造成股市的重挫，但是沒有人可以準確預測會發生上述事件，此種突發性資訊之風險，是每個人都會面臨且完全無法預測，然而成功投機客的解讀，是買進機會的來臨而勇於進場，因為大多數人的恐懼。

　　第二類是尚未公告的資訊：例如某公司下個月營收會大幅成長，或公司處分資產將有業外收益，或其他足以造成股價波動的資訊等， 若是經由拜訪公司合法取得，當然可以獲得額外的利潤，但是根據本人的經驗，此類資訊通常屬於短期資訊，對股價只有短線刺激的效果，至於對股價有重大刺激效果的資訊，只有內部高層知道，當然這些高層若是隱瞞重大資訊，且預先做買進或賣出的動作因而獲利，將觸犯內線交易法，例如預先買進旺宏的股票，預先買進新竹商銀的股票，及預先賣出明基股票等，皆有觸犯內線交易的嫌疑。

　　第三類是主觀預測的資訊：研究員公告的預測都是主觀的數字，這些預測數字的品質有很大的差異，依據本人研究部主管的經驗，每位研究員研究的個股多達數十支，沒有時間深入研究個股的動態，也沒有能力預測未來營運的資訊，研究員只因工作的身分，必需發表未來獲利的數字（有關如何運用 EPS 及本益比，本人在後面再進一步說明）

5、不需要明爭暗鬥

　　投機客是靠高度的 EQ，平凡的 IQ，及利用逆勢操作法，來達成理財的目標，不需要耗費心思與別人勾心鬥角。

　　本人提到股市就如同一座金礦山，任何人只要有本事就可以從股市中賺取財富，不需要去面對如此複雜的鬥爭環

境，在股票市場由於利多或利空資訊的交互影響，促使股價每年都會呈現大幅度的波動，對一位投機客而言，每年都有操作機會的產生，因此成功的投機客，就是充份掌握機會的來臨，將資金投入風險，即可享受理財退休的生活，由於科技的發達及網路資訊的方便性，使每一位投機客待在家裡，就能從事股票的操作，不需要為了賺更多的錢，與別人明爭暗鬥及勾心鬥角。

在政治舞台上，中國自春秋戰國以來的集權時代，可以說是一部血淋淋的鬥爭史，在將近三千年的歷史長河中，有90%的時間是處在戰爭狀態中，老百姓大部分是病死或餓死而不是戰死，因為戰爭所造成的破壞力已經摧毀一切，然而殘酷鬥爭的主要源頭只有四個字「爭權奪利」。至於進步到民主的時代，「爭權奪利」的本質仍然不變，只是用口誅筆伐的文明手段代替動刀動劍。

在商場上，為了爭奪有限的升遷機會，同事間也是明爭暗鬥勾心鬥角，因此只有專業能力還不夠，仍然必需具備鬥爭能力，才有爭取升遷的機會。

無論政治舞台的爭權奪利，或是商場上的勾心鬥角，少數運氣好的終能升官發財，卻有大多數人不但升不了官，發不了財，甚至失去健康或妻離子散。

股票投機的情緒管理

情緒管理就是有耐心、不害怕及不貪心

　　股票投機情緒管理（EQ）的重要性大於股票的知識能力（IQ），事實上，股票操作是一件簡單的事情，就是大家所說的「買低賣高」，但是往往在股價重挫時，市場必然充滿悲觀氣氛且利空消息充斥，此時面對充滿不確定性的股市環境，絕大多數人基於人性的自然反映，必然產生害怕的心理，即使覺得股價已經來到低點，仍然害怕不敢將資金投入股市，因為依據利空消息所呈現的數字，若用 IQ 的方式預測未來，必然得出悲觀的結果；同理當股價大漲時，市場必然充滿樂觀的環境，且依據利多數字做出的預測，必然是充滿樂觀的期待，此時基於人性盲從及貪心的心理，必然勇於將資金投入股市，但是卻可能買到高點，由於人性中害怕及貪心的情緒在做祟，促使大多數人做出相反的決策「追高殺低」。投機客若能做好情緒管理之不害怕，不貪心及耐心等待的工夫，必然能克服人性的弱點，達成股票投機的最高指導原則「買低賣高」。 因此本人再度強調，任何從事股票操作的投機客，必須要持續的練習做好情緒管理，使本身在

利空時不害怕,利多時不貪心,且耐心等待買點及賣點的出現,則一定能夠使用簡單的操作原則,最終達成理財退休及致富的目標。

為什麼「買低賣高」如此簡單的操作,可是卻有大多數人做不來,甚至還經常做出相反的行為「追高殺低」,主要原因就是情緒管理的不足,甚至大多數人深信只要提高IQ預測的能力,就可以戰勝股市,完全忽略提高EQ的能力。

忽略EQ能力提升的結果,
將造成下列狀況

(一)缺乏耐心

缺乏耐心,則無法等待低點的來臨,且無法等待高點賣出的機會,我們必須了解買點及賣點並非經常出現,依據經驗法則,買點及賣點的出現,一年之中只有一至二次的機會,若缺乏耐心等待的情緒管理,將錯失「買低賣高」的獲利機會,多數人缺乏耐心的主要原因:

1、擴張信用

由於融資操作或向銀行借錢,因此無法承受套牢的壓力,且由於資金成本高,時間愈長,對擴張信用者愈不

利，因而無法耐心等待賣出價位的出現，而失去大幅獲利的機會。

2、天性造成

急功好利且妄想一夕致富是多數人的天性所造成。

3、短線操作

由於一夕致富的心理，多數人喜歡買進股票的短期內就能大漲，且急於獲利了結，而缺乏耐心等待賣點出現，享受較高的報酬。

（二）害怕

由於害怕，所以買點出現的時候，不敢將資金投入風險中，因為買點出現時機，都是市場悲觀的時候。

害怕情緒的主要原因：

1、天性造成

雖然每個人的個性不同，害怕的心理卻是每一個人都具備，只是害怕的程度不同，例如人類面臨有害於身體，及遭受損失的時候，都會害怕，如許多人害怕溺斃，所以不敢游泳，許多人害怕摔傷，所以不敢爬高，更有許多人害怕損失，所以不敢在充滿悲觀氣氛時，進場買股票。

2、擴張信用

就是向銀行借錢或向券商融資，短線客利用擴張信用買進股票，當突發性利空出現且股價重挫時，由於害怕損失的擴大，而失去理智的殺出股票，即使是短暫的突發性利空，由於其本身過度的擴張信用，因害怕損失而大幅降低理智判斷的能力，將股票殺到最低點，尤其是融資買進股票，承受損失的能力最弱，由於股價重挫至低於融資維持率，若無能力再補繳保證金，將面臨券商斷頭殺出，通常賣至股價的低點。

3、喜歡做預測

(1)無法準確預測未來所以害怕進場

長期以來，我們已被教育成股票操作就是要能準確預測未來，甚至要能準確預測兩年或三年以上的數字，唯有努力做預測，且充分掌握基本面變化，才敢進場買股票，但是影響股價的因素多如牛毛，我們又被教育成必須預測未來總體面，非總體面，及個股獲利的數字，才敢將資金投入股市。曾經有一位研究員擁有名校學歷，且非常投入研究工作，他認為必須要勤跑公司收集詳細的資料，才能夠精確的預測個股未來一年的 EPS，且必須事後證明誤差在 3% 以內，他才敢勇敢推薦股票買進，因為能精確的預測個股的基本面，才

能成為一位優秀的研究員，但是影響公司獲利率的因素非常複雜，且在未來一年裡要發生何種利多及利空因素，任何人都毫無能力精確預測，由於沒有能力預測將發生何種變化，因此即使股價重挫時，多數人仍害怕進場買股票，不敢將資金勇於投入風險之中。

(2)沒有任何人可以準確預測未來

　　人類對於預測未來的能力是非常薄弱，試問有哪一位能準確預測將發生什麼利多或利空，更無法準確預測個股未來一年的基本面變化，成功投機客是掌握機會的來臨，迅速做出正確的決策，而不是能夠精確的預測未來，例如偉大的投機客科斯托蘭尼，說出股票操作的成功經驗是「逆勢操作及耐心持有」，科斯托蘭尼的成功來自於多數人做不到的事情「耐心及逆勢」，而不是他有超人的能力，預測未來不可知的事情。近年來國內股市出現一種神秘理論「紫微斗數」，妄想利用神秘的宗教力量，來預測未來股價的走勢，就如同想利用算命預測一個人未來的命運，此種妄想利用紫微斗數方法，預測未來股價的走勢，顯然已經偏離股票操作的正途。

(3)投機依靠迅速的做出正確反應

　　一位成功的投機客，所擁有的正確預測態度是，當影響股價的變數出現時，能迅速做出反應，且能正確判斷對未來股價的影響，是屬於正面因素或是負面因素，若是正面因素

則勇於將資金投入風險中，若是負面因素則勇於停損賣出，因此成功的投機客，依靠精確的迅速反應，而不是精確的預測未來。

4、聽消息操作

聽消息將使持股信心不足。消息來源包括媒體，親朋好友，及內線消息。由於消息本身通常是短暫或未經證實，若聽信消息而買進股票，由於消息僅能刺激股價一至三天，當消息不再存在，造成股價下跌時，通常持股信心會不足而賣出股票，如每月十日公告上月營收呈現大幅成長，就進場買股票，也不弄清楚是否季節性因素所造成，由於看到消息才買進股票，則持股信心將嚴重不足，很容易「追高殺低」；另外未經證實的消息，包括接到大訂單，或兩家公司將合併，或產品售價將大幅調漲等，由於聽信消息而買進股票，將嚴重影響持股的信心，只要未如預期的消息出現，很容易害怕而做出錯誤的決策

5、短線操作

由於天性所造成的一夕致富心理，多數人喜歡買進股票後，期望短期內就能大漲，且急於獲利了結，當有任何風吹草動時，就產生害怕心理做出不理智的決策。

(三)貪心

　　貪心與旺盛心的差異在於：貪婪之心人皆有之，應是與生俱來，所謂貪心就是欲望已經超過個人能力的範圍，以至於得意忘形，或追求的目標價位已經遠超過股票的本質；但是旺盛心，則是用閒置資金賺取大波段利潤的機會，因此有一種看似矛盾的說法，那就是科斯托蘭尼及巴菲特都教育我們，必須要掌握每一次投機機會的來臨，將資金投入風險求取大波段獲利的機會，當別人恐懼時我們要貪婪，這種旺盛企圖心是否陷入貪心的境地？當然不是，貪心是指欲望遠超過個人的能力範圍，且已經到失去理智的程度，然而企圖心則是掌握機會大波段操作，是用個人的閒置資金操作，且獲利目標也符合股票應有的本質，旺盛心是用個人的閒置資金賺取大波段的報酬，但貪心則是運用擴張信用的方式，妄想短期內賺得最大的利潤，卻使自己暴露在極高度風險中，例如2008年總統大選後，新政府採取放寬兩岸經貿交流的政策，同時營建業者也順勢炒作，邀請大陸房地產業者及富豪來台灣考察，並展現投資國內房地產的決心，同期間營建股價也呈現強勢上漲的走勢，但是絕大多數營建股股價已經遠超過股票的本質，也就是說本益比已極度不合理，可是貪婪之人仍然大幅擴張信用買進營建股票，但很不幸的是5月20日之後，由於受到通膨壓力之利空影響，指數

47

自 9300 點重挫至 4100 點，跌幅達 56%，且同期間營建股指數跌幅更高達 80%，當初貪婪之人也遭受重大的損失。再例如 2007 年由於美國次級房貸風暴的影響，指數由 9800 點重挫至 7360 點，股市充滿悲觀及恐懼之時，但對具有旺盛企圖心的投機客而言，應該是賺取大波段利潤機會的來臨，此時的投機客應勇於將閒置資金投入股市，且買進績優成長股如台塑及中鋼等（註：當指數重挫時，油價大漲及鋼鐵景氣繁榮的資訊，已經呈現在媒體報導，只是股市充滿悲觀氣份時，大多數人無法正確解讀產業繁榮的資訊），事後證明此種危機入市，且買進獲利成長股的投機策略是正確的做法，因為不但指數自 7360 點反彈至 9300 點，且成長股也大漲 30% 以上，所謂旺盛企圖心的投機客，是將閒置資金利用危機入市的機會，買進股價重挫的獲利成長股，賺取大波段的利潤。

造成貪婪的原因：

1、擴張信用

本身的操作資金只有 100 萬的能力，卻以擴張信用的方式將資金擴張至 500 萬以上，已經遠超過本身能力的範圍，同時也將個人推向極高度風險中，請記住多次的小損失，尚不足以撼動個人追求財富的企圖心，但是一次破產式的重傷害，卻可以使一個人永遠無法翻身，例如有一次在現場解盤時，碰到一位聽眾親口告訴我，他的一位朋友在 2001 年用

融資買進網通股，金額達數千萬以上，心想用融資買進熱門股應該是萬無一失，且當時指數由 6190 點重挫至 4000 點止跌反彈至 4700 點，他的朋友判斷指數應該修正結束，未來應該自 4000 點止跌回升，因此大幅加碼平均成本在 4500 點，但是人算不如天算，竟然在 9 月 11 日美國當地時間，發生震撼全世界的飛機恐怖攻擊事件，兩架小飛機受到恐怖分子的挾持，硬生生的撞擊紐約世貿大樓，造成數千人死亡，而美國股市立即暫停交易，同期間台灣股市也由上漲趨勢的 4700 點，短短一個多月逆轉重挫至 3400 點，當然這位擴張信用的朋友面臨斷頭的命運，且遭受破產式的損失而一蹶不振，故事還未說完，當這位朋友被斷頭殺出股票沒多久，指數卻自 3400 點止跌回升至 6400 點。上述實例充分說明擴張信用操作股票，將使自己變成貪婪之人，且錯失賺取大波段利潤的機會。

2、超過本質的獲利目標

　　某支股票合理賣出的本益比應在 15 倍左右，但因個人貪心的欲望，卻將股票獲利的目標設定在 30 倍以上。

　　請讀者務必記得，股票投機的操作原則是，多數時候都能達成獲利的目標，即使是保守的獲利目標，不要貪心妄想賣到最高點或想大撈一筆，結果不但沒有賣到最高點，甚至由獲利逆轉為虧損。經常聽到有散戶說，由於沒有賣到最高

點而繼續持有股票，即使股價已回檔修正一段，此時的貪念繼續盤據在心理不願意賣出，直到股價已經跌破成本價，才極不願意的認賠殺出。

　　讀者一定心生疑慮，如何判斷獲利目標遠超過股票的本質，本人用兩點回答，一是選對股票，二是經驗累積。

　　第一是選對股票：本人的選股邏輯只有一項，就是選擇績優股，所謂績優股的條件包括誠信佳，財務結構健全及聚焦於本業。只要選擇績優股操作，就比較能掌握合理的獲利目標，例如台塑合理的賣出本益比目標是 15 至 16 倍，宏碁合理的賣出本益比目標是 16 至 18 倍，台積電合理的賣出本益比目標是 18 至 20 倍，但是若選擇景氣循環股、轉機股或小型股等，則非常困難判斷本益比的合理範圍，往往很容易陷入貪心的陷阱，而面臨極高度風險。例如 2008 年 3 月 20 日二次政黨輪替之後，國內股市陷入貪婪的境地，當時不但高喊指數將上看兩萬點，同時炒作三大類股包括營建股，直航概念股及觀光股，自 320 至 520 兩個月期間，此三大類股股價皆呈現大漲走勢，且已經遠超過股票的本質，例如國揚建設，利用引進大陸富豪資金投機國內房地產之利多題材，將股價炒至當年四月之最高價三十三元，但預估該公司全年 EPS 約在 1.0 元，本益比高達三十倍，而整體營建股之本益比亦高達二十八倍；又例如中華航空，利用開放兩岸包機直航的利多題材，將股價炒至當年三月之最高價二十

元，且爆出巨量，但該公司當年度卻是虧本經營；再例如晶華飯店，利用開放大陸人士來台觀光之利多題材，將股價炒到當年六月之最高價七百三十八元，而當年度該公司預估之EPS為16元，其本益比高達四十六倍，且整體觀光股的本益比亦高達三十倍以上。由於股市人們的貪婪，將上述三大類股的股價炒高至遠超過股票的本質，但是大自然將展現回歸基本面本質的力量，因此，國揚建設的股價重挫至當年七月的低價十五元，中華航空的股價重挫至當年七月的低價十一元，而晶華飯店的股價亦重挫至當年七月低價四百八十元，上列股價的跌幅幾乎是腰斬，若持有上列股票的散戶，投信及外資等，在三月至七月的短短四個月期間將損失慘重（至於選股方法及設定獲利目標，本人將在第參單元詳細說明）。

　　第二是經驗累積：本人一再強調，古今中外及未來世界，絕對沒有科學的方法準確預估股價的最高點，因為股市的不變原理，就是永遠存在著風險，面對股市的風險是要去管理它，不是妄想利用科學方法來消除風險，本人列舉三支績優股的合理賣出本益比，完全是依據經驗值，本人認為要消除貪婪之心的正確方法，應該是選對績優股，然後設定15%至20%的獲利目標，利用長時間的持續操作，達成理財的目標。

　　因此缺乏情緒管理，且忽略情緒管理能力的結果，容易造成1、缺乏耐心，2、害怕心理，3、貪婪心理。由於缺乏

耐心，無法等待大波段買點及賣點的出現；由於害怕，當股價重挫有利於低點買進的時候，卻往往不敢進場，由於貪心，所以擴張信用超過能力範圍，及設定超過股票本質的獲利目標，促使個人暴露在極高度風險之中。

　　成功的投機客，必須提高情緒管理的能力，做好 EQ 的管理，才有足夠的條件完成理財的目標，本人深信理財 EQ 的重要性大於理財 IQ 的能力，高 EQ 能力的投機客，才是理財成功的關鍵因素。

提高情緒管理能力的方法

(一)培養耐心

1、耐心就是等待機會的來臨

　　提高情緒管理能力的關鍵因素就是「培養耐心」，惟有高度耐心的人，才能達成理財的目標，所謂耐心就是等待的功力，等待機會的來臨，股票投機的本質，就是每一次股價重挫的機會勇於買進，且耐心等待賣點機會的來臨，成功大投機客科斯托蘭尼說過，股票操作的道理很簡單「逆勢操

作加上耐心持有」，本人再度強調，若能提高耐心 EQ 的能力，則股票投機是件簡單的事情，只是多數人忽視耐心能力的提升，卻投入大部分時間在提高預測的準確度，然而卻是事倍功半，想想看若是每年操作一至二波段，則平均每三至六個月才會出現波段買點，且必須耐心持有至少三個月時間，才有波段賣點出現，至於完成理財目標的時間短則十年，長則需要二十年以上的時間，才能發揮巨大的複利效果，所以說，培養耐心的情緒管理，是成功投機客的首要條件。

2、歷史人物因耐心而成就大事業者

歷史上，因為具備高度耐心而成就一番大事業者包括呂不韋，劉邦及武則天。

呂不韋，戰國末期的大商人，由於當時的社會階層是士農工商，商人的地位排在最末位，雖然呂不韋已經是一位有錢人，但是地位卻連工人都不如，因此呂不韋發誓在政治上有一番大作為，他曾經與父親有一番對話：

呂問買賣農作物可以有幾倍的利潤
父答應該有兩成的利潤
呂又問買賣珠寶可以有幾倍的利潤
父答應該有數倍的利潤

呂最後問買賣王位可以有幾倍的利潤

父親竟然啞口無言

呂不韋平心靜氣的說名垂千史且世代享用不盡

　　在一個偶然的機會裡，呂不韋認識秦國在趙國的人質叫
嬴異人，他是當時秦國太子的其中一個兒子，呂不韋竟然認
為這是千載難逢的機會，可以利用這位落難的趙國人質，實
現他輔佐一位皇帝的政治理想。這就是大投機客的特質，充
份掌握機會的來臨，然後迅速做出決策，呂不韋首先說服秦
國王后華陽夫人收嬴異人為義子，如此華陽夫人才可望永享
權利的核心，事情經過若干年的發展，期間呂不韋投入畢生
的積蓄且用盡各種方法，最終將嬴異人推上秦國王位的寶
座，同時用盡各種謀略將異人的長子嬴政——就是中國第一
位偉大的皇帝——秦始皇推上太子的寶座，至此只缺臨門一
腳，就可以實現呂不韋的遠大夢想，輔佐一位皇帝，事實真
如呂不韋的盤算，異人登上王位不到三年就一命歸天，嬴政
於十三歲時正式登上秦國的王位，呂不韋也順勢成為宰相，
秦始皇並尊稱呂不韋為仲父而權傾一時。呂不韋前後耗盡數
十年的時間且投入大量金錢，由於他的投機性格及長期投入
的耐心，終於達成他的政治理想並且名垂千史。

　　劉邦，秦朝末年沛縣人，中國歷史上第一位平民皇帝，
並建立長達近四百年的漢皇朝。劉邦的成功條件之一，來自

於本身具備耐心的情緒管理，遠超過缺乏耐心情緒的西楚霸王項羽，劉邦展現耐心的情緒管理表現在兩件事情上，一是有耐心的被分封於偏遠封地巴蜀，即今日之四川，二是有耐心的與當時的霸主項羽長期的周旋。

武則天，中國第一位也是唯一的女皇帝，靠著女性的媚力及圓融的政治手腕，歷經數十年的精心謀略，終於登上皇位並建立唯一的女性皇朝——大周朝，使大唐皇朝差一點斷送在中國唯一的女皇帝手中。

武則天，耐心的情緒管理表現在幾件事情上：

一是耐心的等待唐高宗李治的寵幸。

二是耐心等待機會並利用謀略登上皇后的位子。

三是耐心的等待機會，並使用各種謀略及手段最終登上皇帝的大位。

3、耐心是成功投機客的首要條件

上述歷史人物之所以成就一番大事業，就是具備耐心情緒管理的條件。由於耐心，所以可以等待有利時機的來臨，一旦有利的時機出現，迅速做出行動的決策，例如呂不韋之遇見嬴異人，劉邦之避居漢中等待有利時機，及武則天之等待唐高宗寵幸等。因此成功投機客的首要條件，就是必須培養耐心的情緒管理，有了高度的耐心就能等待機會的來臨，一旦做出買進的決策，也能夠耐心等待賣出機會的來臨，所

以說耐心就是等待的工夫，在股市中，等待的工夫，是股票投機的關鍵因素，若是一年只做一至兩波段，則至少需等待六個月的時間，才能有買進及賣出的機會。所以說培養耐心的等待工夫，是成功投機客的首要條件。

培養耐心的主要方法：

(1)絕不擴張信用

A.擴張信用將大幅降低耐心的情緒管理。由於擴張信用，將促使操作股票的風險大為提高，且面對股價波動所承受的壓力將大幅下降，很容易失去持有股票的耐心。所謂「擴張信用」包括融資買進及向銀行借款，尤其是融資買進股票所承受的壓力最大，因為我們所面對的股市瞬息萬變，隨時將出現突發性利空的衝擊，如果以融資買進股票，將必須面對股價重挫被追繳的壓力，很容易失去持股的耐心，通常大多數人都遭受斷頭的命運。根據歷史經驗，當市場出現融資戶斷頭追繳的現象時，也是股價低點來臨的時候，另外，如果此突發性利空屬於非經濟性的利空，如SARS傳染病，美國911恐怖攻擊事件，及921台灣大地震等，非經濟性重大利空造成的股價重挫，經常是逢低買進的時機，但因為融資持有股票，必須面臨被斷頭的命運，因此融資買進股票，將無法耐心持有股票，且經常在低點被清洗出場，至於向銀行借款

買股票，雖然不會面臨斷頭追繳的壓力，但是將提高股票操作的資金成本，同樣不利於耐心持有股票；另外向銀行借錢操作股票，將降低複利的效果，假設每年的報酬率是 15%，減去資金成本 8%，則淨報酬率是 7%，若以三十萬資金操作，約需要六十年的時間，才可以累積四百九十萬一的退休金，相信絕大多數人已經無福享受，只能當作遺產。

B.閒置的自有資金有助於提高耐心的情緒。本人必須慎重其事的強調，培養耐心的首要方式，就是用閒置的自有資金操作股票，唯有使用閒置的自有資金投入股市，才能勇敢面對瞬息萬變的股市環境，才能耐心持有股票等待機會的來臨，因為當面對突發性利空衝擊時，由於使用閒置的自有資金，不會有斷頭壓力，且沒有高資金成本，自然能提高耐心管理的能力，而且能冷靜思考重大利空對股價的衝擊，應屬於短期的利空現象，只要基本面獲利成長趨勢不受影響，一段時間後，股價應可恢復原來多頭的格局，所以使用閒置自有資金的投機客，較能承受股價重挫的壓力，進而大大提高耐心持有股票的信心，很重要的歷史事實是，即使忍受一段時間的套牢，但因沒有斷頭壓力及高資金成本，依據歷史經驗，非經濟因素所造成的股價重挫，只要獲利成長的趨勢不變，股價未來將恢復

上升的格局。另外，所謂閒置的自有資金，必須是資
金一定是閒置的，也就是說雖然是自有資金，但卻是
挪用生活所需，仍將不利於股票的操作。本人一開始
就強調，理財只需要小額的資金，本人的建議是能在
三十五歲以前，累積三十萬的資金，各位讀者應該養
成儲蓄習慣，當每月薪資入帳時，先將儲蓄的金額扣
下來，剩下來的金額才是支付生活的費用，請讀者記
得，理財需要旺盛企圖心及長期投入的耐心，只要能
養成儲蓄的習慣，就能累積出一筆小額的閒置資金，
同時本人再度鼓勵讀者，薪資不高也能理財，只要儲
蓄一筆小額的資金，即使沒有準確的預測能力也能理
財，因為成功的理財，完全不是依靠精準的預測能
力，因此成功的投機客，必然是用閒置的自有資金投
入風險，才能培養耐心等待機會的來臨，最後達成股
票投機理財的目標。

　　假設讀者二十五歲進入職場，平均月薪應該在
25,000 元至 30,000 元之間，若能先扣除三千元儲蓄資
金，累積至三十五歲時，就有三十六萬的理財閒置資
金，奉勸讀者拋開所有的心理障礙，包括薪資不高，
預測能力不足，及研究時間不夠等，因為成功投機客
的條件是，高度的 EQ 及平凡的 IQ。

(2)絕不短線操作

A.短線操作就是賭博。每一位成功的投機客，都是靠良好的情緒管理及長期經驗的累積，絕對不是妄想一夜致富的賭徒性格，請不要相信有任何人是靠短線操作致富，如著名的大投機客巴菲特、彼得林區，及科斯托蘭尼等，皆是靠長期的股票操作累積財富。既然本人一直強調EQ管理的重要性，投機客都必須努力克服人性與生俱來的弱點，且必須克服一夕致富的心理，當每個人都想一夕致富時，他本身就已經暴露在極高度的風險之中；另外，股價短線的漲跌完全沒有脈絡可尋，可以說短線操作就是在賭博，試問賭俄羅斯輪盤時，要出現哪一個點數，有任何科學的方法可以預測嗎？常聽到有散戶說，股市就好像賭場，這種說法完全褻瀆股市對人類文明發展的重要性，由於短線賭客妄想一夕致富且將股市當賭場，所以完全忽視EQ及IQ的培養，且喜歡選擇小型飆股賭明天的漲跌，請問這世界上有多少人靠賭博致富的嗎？但是確實有靠經營賭場致富，例如美國拉斯維加斯賭場的富豪們。本人必須慎重說明，投機與賭博是天與地的差別，所謂投機是靠高度的EQ，面對風險等待機會來臨時，將資金投入風險賺取價差，請注意投機持有股票的時間，可以長達兩年以上，賭博則完全是靠運

氣，如賭場所有的賭具，樂透彩，及短線買賣等，經常聽到樂透彩的彩迷，花許多時間收集資料，企圖研究頭彩中獎號碼，妄想研究頭獎號碼的出現機率，完全是白費心機的事情，因為每一次頭獎號碼出現的機率是一千萬分之一，完全是隨機出現，歷屆頭彩的中獎者，絕大部分是電腦選號，且是天上掉下來的禮物，尤其不可思議的是，有些賭徒燒香拜神明，祈求明牌到陷入迷信的程度，就如同在股市中，妄想利用紫微斗數的迷信方式，企圖預測指數的高點及低點之不理性行為。

B.長期操作才能達成理財目標。但是股價的長期趨勢卻是有脈絡可尋，可以用已經發生的資訊，研判股價的多頭或空頭趨勢 成功的投機客科斯托蘭尼說過，一個國家的股市將長期呈現多頭格局，只要總體經濟是健康及穩定的成長，且國家不能發生戰爭。科斯托蘭尼將近七十年的實務經驗表示，基於一個穩定成長的國家，有不斷追求生活進步的動能，也表示這個國家的科技持續進步，反應在產業及個別公司上，就是未來獲利的穩定成長，另外巴菲特回答股東，有關美國股價指數未來的看法時說，未來一百年至西元 2100 年時，道瓊指數將漲到一百萬點，雖然是一句玩笑話，但也充分說明只要美國的經濟，未來一百年能維

持成長趨勢，則美國股市將是多頭的格局，事實上，若分析道瓊指數的走勢，及美國百年績優公司的股價走勢，似乎頗有道理，因為道瓊指數歷經數十年的發展，由最低的一千點漲至 2008 年的 1,4000 點，漲幅達到十四倍，同時間美國扮演全球火車頭的角色，且是全球第一大經濟體，若按照巴菲特的邏輯推論，只要美國經濟未來一百年持續維持成長，則道瓊指數將成長一百倍。至於百年長青的績優公司包括 3M、美國運通、波音、花旗銀行、奇異電氣、惠普、嬌生、寶僑及狄斯奈公司等，根據《基業長青》一書作者柯林斯的研究，假設在 1926 年 1 月 1 日買進一張上述績優公司的股票，持有到 1990 年 12 月 31 日止，投機報酬率將是 640 倍，也就是說買進一萬美元的績優股票，將累積成六百四十萬美元的金額，這也是巴菲特成功的精髓所在，能夠長期持有上述績優的股票。但是本人必須再度說明，長期持有並不是本書的重點，因為美國的股市環境畢竟與台灣不同，而且長期持有只有專業機構及少數大投機客才能做得到，本書的重點是「長期操作」而不是「長期持有」，兩位大投機客都說出智慧的名言，在一個多頭格局的股市裡，若能培養耐心等待機會且不要短線操作，長期下來，必然能夠經由股票操作達成理財的目標。

(3)不斷的練習

持續運動可以提高耐心的情緒。我們從小被教育過熟能生巧，及鐵杵磨成針的故事，應用在股票操作上也是相同道理，必須不斷練習提高 EQ 的能力，才能熟能生巧，充分運用股票操作的簡單道理「買低賣高」，當我們熟能生巧運用「買低賣高」的簡易操作之前，必須不斷練習提高耐心管理能力，才能運用股票投機達成理財目標。

投機客，除了不斷練習股票操作的經驗之外，更需要投入時間培養耐心的能力，培養耐心的方式之一，就是培養定期運動的習慣，如跑步，爬山或游泳等，其中又以跑步的效果最好，因為不需要花錢，也比較不會受限於場地。

(4)規律的生活

規律的生活可以培養耐心。規律的生活可以維持身體的健康，有了健康的身體將有助於耐心的情緒管理，所以成功的投機客必須養成有規律的生活，例如福懋建設董事長江子超，就是確實力行規律生活的代表人物，江董事長說：「我深信成功的投機客，紀律很重要，管理好股票一定要管理好自己規律的生活，就是會管理好自己的人」，江董事長白天的主要工作，就是管理好公司而且準時下班，晚上投入二至三小時閱讀全球財經資訊，充份掌握財經動態，且晚上十點半以前必定上床睡覺，日復一日年復一年，江董事長有超過

二十年股票操作經驗，也利用股票投機達成理財致富的目標，他成功的經驗值得讀者學習（取材自《今周刊》）。

另一位值得學習的對象科斯托蘭尼，這位猶太裔的德國人，充滿投機的智慧且依靠投機累積財富，他在四十幾歲時，就已經享受退休的生活並享年九十三歲，這位大投機客，每天的工作就是去巴黎凱旋門前的香榭大道，與好友們喝咖啡聊天，且話題幾乎圍繞在全球財經動態，及股票的行情，所以可以充份掌握股市訊息，這位大投機客也是過著非常規律的生活。

(二) 克服恐懼

提高情緒管理的第二種方法就是克服恐懼，克服恐懼的主要方法：

1、用閒置資金操作

(1)用閒置資金可以克服恐懼。當投機客都使用閒置資金投入股市時，就有勇氣面對突發性利空造成股價的重挫，因為使用閒置資金就能忍受短時間套牢的壓力，因為使用閒置資金套牢時，完全不會影響日常的生活，想想看若使用擴張信用的資金，當面對股價重挫時，必然害怕斷頭追繳的壓力，若向銀行借款時，則必須負擔高利息

的資金成本，當資金成本偏高時，將無法承受長時間的
套牢壓力，若使用未來生活所需之資金如結婚資金，醫
療資金，創業資金，或求學資金等。當面臨股價重挫之
套牢壓力時，將促使本身陷入恐懼之中，一旦恐懼的情
緒燃起，必將無法理智的判斷，經常做出錯誤的決策，
實務經驗已經證實，每一次波段低點來臨時，總是伴
隨著融資餘額的大減，就是遭受券商的斷頭賣壓：例
如2008年5月20日總統就職大典後，指數由9300點重
挫至4100點，同期間融資餘額也大幅減少，尤其是末
跌段融資減少的速度更快，因為指數跌幅已高達五成以
上，促使多數個股之融資維持率，已經低於遭受斷頭的
條件，但是往往此時指數已經來到波段低點，若能使用
閒置資金持有股票，就能克服股價重挫的恐懼及套牢的
壓力，並且耐心等待股價的觸底反彈；若能使用閒置資金
投入風險，則能大大的降低風險的程度，使投機客克服恐
懼的能力大幅提升，一旦恐懼的EQ能獲得有效控制，則
能忍受股價短時間的重挫，依據歷史經驗，只要能忍受股
價短暫的重挫而不殺低，隨著利空消息的逐漸淡化，則股
價終將回歸基本面而維持多頭架構，因此若能以閒置的
自有資金操作股票，必能克服恐懼完成理財目標。

(2)小額的閒置資金也可理財。也許很多人會懷疑，若使用
　閒置的自有資金，是否就沒有能力投入股市，無法達成

理財目標，絕對不會，本人在此懇切的強調，每一位投機客，只要用小額的資金投入股市，經由長期間複利的效果，一樣可以達成理財的目標，本人再度引用三十萬閒置資金的例子，今有一位 35 歲的投機客，將三十萬閒置資金投入股市，每年至少預估 15% 以上的報酬率，則 20 年後當他 55 歲時，預計本利和將可達到四百九十一萬，若能增加理財的時間，或提高每年預估的報酬率，小額資金長期間所累積的巨大複利效果，連愛因斯坦都說比原子彈威力還巨大。千萬不要認為待遇不高就無法理財，重要的是有理財的企圖心，及有儲蓄的習慣。前段時間台灣發生「卡奴」現象，許多年輕人申請信用卡及現金卡，肆無忌憚的消費，結果因入不敷出，負債累累形成卡奴，年輕的投機客，請務必記得絕對不要負債消費，否則必然陷入金錢的奴隸，永世不得翻身；請務必養成儲蓄的習慣，且要求自己在 35 歲以前，至少累積出三十萬的閒置資金，用來投入股市，長期且有耐心的執行理財計劃。有一本書《致富，從建立正確的心態開始》，書裡面談到一位財務成功者的心態是，當開始上班賺錢時，不要在乎是否有很高的待遇，重要的是能節省開支，將多餘的錢儲蓄起來，無論儲蓄累積的金額有多少，只要將多餘的資金投入風險產品中，等退休的時候就有一筆非勞動收入，這一筆非勞動

收入，將有助於維持退休前的生活水準。這本書《致
富，從建立正確的心態開始》的重點在說明，收入可以
分為兩大部分勞動收入與非勞動收入，勞動收入主要在
於支付生活費用，非勞動收入則在於維持退休後的生活
水準，因此作者強調，必須要挪用一部分的勞動資金從
事理財，經過長時間複利的巨大效果，必能創造出非勞
動收入。這本書的作者耳提面命讀者，千萬不要借錢買
汽車，因為借錢買汽車，很容易使自己面臨勞動收入低
於生活開支的負債困境，也就無法理財，一旦無法理
財，則退休後必然陷入勞動收入無法滿足生活水準的痛
苦，所以本書作者建議讀者，必須先將多餘的錢用來儲
蓄理財，當非勞動收入大於勞動收入時，才將多餘的非
勞動收入購買汽車。此種延遲享樂的觀念，也同樣適用
於另一本書的重點《先別急著吃棉花糖》，凡是能夠忍
著不吃棉花糖的小孩等到長大後，都能延遲享樂達成財
務獨立的目標，《棉花糖》一書的作者一開始就採用史
丹佛大學的研究實驗，說明延遲享樂的重要性，每一位
被實驗之三至四歲小孩子，都被告知如果被獨自關在房
間理十五分鐘內不吃棉花糖，將可以再得到另一塊棉花
糖，經過實驗的結果，大多數小孩在十五分鐘內就吃掉
棉花糖，只有少數小孩可以忍受十五分的時間內沒有吃
棉花糖，經過長時間的追蹤調查，那些能夠忍著不吃棉

花糖的小孩，絕大部分在事業上都有良好的表現，因為在個性上，這些不吃棉花糖的小孩，已經具備延遲享樂的良好條件，例如本書「棉花糖」的男主角沛辛先生，就是少數不吃棉花糖的小孩，長大後變成有錢人；至於大多數急著吃棉花糖的小孩，長大後絕大多數在事業上表現平平，因為在個性上急著吃棉花糖的小孩，已經具備人類貪婪之心及缺乏耐心的本性，再加上後天沒有認真的教育，提高他們的情緒管理，當然無法達成理財目標，也就是說，雖然個性上具備貪心的本性且缺乏耐心，但是若能後天經由教育的改變，仍然有成功的機會，例如本書的另一位男主角阿瑟，是有錢人沛辛先生的司機，就是沛辛先生告訴他棉花糖的道理，阿瑟痛下決心實施不急著吃棉花糖的複利效果，竟然累積成滿屋子的棉花糖，阿瑟以前經常月光光入不敷出，但是經過沛辛先生的教育後，開始養成儲蓄的習慣，並且半工半讀提高他的專業知識，經過多年不斷的努力，且充分實現不急著吃棉花糖，延遲享樂的理論，阿瑟最終也達成財務獨立的目標。

2、選對股票

選對績優股可以克服恐懼。只要能選對股票必能克服恐懼，且大幅提高股價重挫之 EQ 管理的能力，所謂選對股票就是選擇績優股，績優股票的條件包括誠信佳，專注本業及

財務結構健全等。績優股可分為績優成長股及績優轉機股，其中績優成長股的條包括產業趨勢佳及獲利持續成長；績優轉機股則是未來營運具有轉機性，只要能持有績優股，一旦發生突發性利空造成股價的重挫，必能克服恐懼而勇於面對套牢的壓力，當利空消失時，股價將回歸基本面成長的軌道，所以說選對股票者，必能克服恐懼而完成理財目標。

例如2007年宏碁品牌電腦公司，宣佈購併美國第四大電腦公司，由於明碁公司購併西門子手機部門失敗的前例，促使市場多數分析師包括著名外資等，皆看壞本國電腦公司之海外購併案，造成該公司股價的重挫，一周內由65元重挫至55元跌幅高達15%，此時持有該股票者，若能堅信本身所持有的股票是績優成長股，必能勇於面對股價的重挫，且終能享受否極泰來的果實，事實證明一段時間後，該公司之股價由低點55元上漲至78元，漲幅高達40%。

再例如2006年國內LED的封裝大廠億光，陷入司法糾紛造成股價由50元重挫至35元，唯因該封裝大廠符合績優成長股的條件，雖然遭受突發性利空而造成股價大跌，但是若能勇於面對套牢的恐懼未停損賣出，事後證明該公司股價呈現倍數的大漲，主要原因就是該公司具備績優成長股的條件，因為LED的產業前景非常樂觀，預期該公司的獲利將大幅成長，由於LED大量使用在手機的背光源，且預估2006年度手機全球出貨量將突破十億支，加上手機相機的流行，對

高階 LED 背光源的強烈需求，該封裝大廠不但具有高階生產能力，且市佔率位居全球前三名，是國內最大 LED 封裝廠，主要客戶包括 NOKIA、MOTOROLA 及 SONYERISSON 等國際大廠，且該公司當年度的 EPS，已有 4 元以上的實力，若以獲利的成長趨勢，評估該公司 35 元以下的價位，應該是非常具有吸引力的買點，果真如此，由於產業前景佳及強烈的競爭力，億光公司 2007 年的獲利大幅成長，促使股價巨幅上漲至 140 元，漲幅高達 400%（註1：本人不再認為億光是成長股。註2：有關績優成長股及轉機股容後再詳細說明）。

3、不要盯住大盤

　　盯注大盤容易造成誤判。大盤每日受到利多或利空影響而漲漲跌跌，若每日盯住大盤做判斷，情緒很容易受到大盤的跳動而坐立難安，甚至當天突發性的大跌，而引起個人恐慌的心理，容易使人做出錯誤的決策，正確的做法應該是開盤後半小時，了解持股的價量及大盤有無變化，及收盤後利用半小時了解持股的收盤情況，大盤的價量變化及類股的強弱勢等，請記住每日利用約一小時時間，了解持股變化及大盤價量關係，並非是要短線操作，目的在掌握波段的趨勢是否持續進行，因此訓練自己面對大盤時，心情能有效的控制，也是提高 EQ 能力，克服恐懼的方法。另外假設手中沒

有持股時，每日只要利用收盤後半小時，了解股票組合個股的價量變化及大盤動態，至於對部份忙碌的上班族，也可以修正為每周了解也無妨。

　　雖然不要每天盯住大盤，但是要每天了解全球財經動態，及股票組合個股的營運變化。全球財經動態的主要內容包括，全球經濟成長的變化，國內資金的變化，及全球非經濟的變化等三大項，讀者研讀全球財經資訊必須把握兩項原則，一是不需要自己花時間做預測，二是只要了解未來的趨勢，讀者只需要花點時間收集資訊，然後正確解讀資訊，就可以有效掌握全球財經動態。例如本人認為2008年國內的經濟成長率將較去年差（2007年的GNP是5.7%），由於受到全球通膨壓力，及美國次級房貸的影響，主要機構都預測國內的GNP約在4.0至4.5區間，明顯較去年減弱，因此本人對當年股市的發展，抱持保守的心態，雖然當年三月政黨輪替，且新政府提出多項利多政策，唯對國內經濟成長的助益實屬杯水車薪，因為國內經濟成長的主要動能，來自於進出口貿易，進出口貿易主要與全球經濟息息相關，當全球經濟受到通膨壓力影響時，怎可寄望於刺激國內需求的經濟政策；因此當把經濟成長的利空因素，與擴大內需方案，及大陸人士來台觀光的利多政策，擺在同一平台評估時，利空力量將大於利多力量，所以對2008年度股市保守，主要根據兩項原則，一是資訊的解讀，二是趨勢的研判，本人每天閱讀

報紙，每周閱讀一份財經周刊，就可以掌握全球財經動態，沒有投入時間做預測數字的工作，只收集資訊了解，2008年的經濟成長率將較去年差，本人的解讀是2008年股市的高點，應該較去年的最高點9800點低，所以當三月總統大選後，市場一片樂觀氣氛，且預估指數將由9300點向上挑戰萬點行情時，本人採取逆勢操作的策略，雖然沒有賣到最高點，但很幸運避開5月20日總統就職後，指數由9300點重挫至7100點的跌勢。

至於股票組合個股的營運變化，本人已經提到要選對績優股，包括績優成長股或轉機股，除了每天閱讀報紙與每周周刊外，且每天上網了解持股的營運變化，本人掌握幾項原則，一是研究股票在十支以內，然而買進的個股在五支以內，二是就事實資訊做研判，三是不花時間做數字的預測，例如國內晶圓代工廠台積電符合績優股的條件，包括公司治理佳，聚焦於本業及市佔率高，該公司發佈資訊2008年第三季的獲利將呈現成長，且預估全年的EPS將較去年持續成長，所以當指數重挫時，就是勇於買進的機會。本書的中心思想就是選對績優股，在股市悲觀時，勇於買進且耐心持有。

（三）克服貪心

　　每一位投機客都應有旺盛的企圖心，當機會來臨時，必須要把握獲利的機會，但是絕對不是貪心，誠如前面所言，所謂貪心是欲望超過本身的能力，且獲利目標超過個股股價的本質。克服貪心的主要方法：

1、用自有資金操作

　　本人一再強調，唯有使用閒置的自有資金投入風險，一則可以克服恐懼，二則可以克服貪心。因為使用自有資金，不但風險可以大幅降低，且個人貪婪的心理，可以獲得有效的控制，俗話說「貪心不足蛇吞象」就是這個道理，本人也在前面詳細說明累積自有資金的方法，就是認真儲蓄、延遲享樂、不急著吃棉花糖。要想能夠達成理財目標，必須依靠長期且耐心的投入，絕不是用擴張信用的方式，妄想短期間完成理財目標，當讀者只有小額資金三十萬時，千萬不要過度自信認為獲得內線消息，或自認為有準確的預測能力，將投機資金擴充至三十萬以上，一旦貪婪之心燃起，將使自己暴露在極高度風險中，必將面臨恐懼及套牢的壓力。請讀者認清一點，在股票操作上，必然會面對套牢的壓力，因為只有兩種人不會被套牢，一種是聖人，另一種是騙人。克服套牢壓力的基本條件，就是不要貪心及擴張信用，同時本人再

度提醒讀者，千萬不要相信有任何科學方法，如基本分析或技術分析，甚至紫微斗數可以避免套牢。

2、設定獲利目標

造成貪婪之心的第二個原因，就是獲利目標遠超過股票本質，因此當買進股票時，就要預先設定獲利目標，並且要嚴格執行。至於設定獲利目標的方法，則應依據個股的特性，及市場的趨勢而定。依據本人的經驗，賣點判斷之難度遠大於買點的掌握，絕大多數人皆無法賣到滿意的價位，也沒有任何科技的方法，幫助投機客設定滿意的目標價位，這就是股市的本質，絕對不要期待專家發明所謂的股價評估模式，如本益比法，股價淨值比法，或股息折現法，想利用這些科學方法，將股價賣到最高點，因為股市的最大特色就是不可預測性，任何想利用科學模式預測股價最高點，皆是徒勞無功。

股票操作的邏輯是，冀望每次出擊，皆能賣到設定的獲利目標，而不是賣到最高價，若能維持每年至少15%獲利目標，長期間經由複利的巨大效果，應能達成理財退休目標，不是妄想每次皆能選到飆股賣到最高點，用棒球的術語就是「每次皆能安打累計得分，而不是每次都想全壘打，因為很容易被三振」。

　　本人在前面已經說明，所謂研判超過股票本質的概念，一是選擇績優股，二是靠經驗及運氣。當然本人也非常清楚，每一波多頭行情裡，都會出現飆漲的股票，但是能真正大賺飆股的投機客，是少之又少，本人也無力教導讀者操作飆股；本人能教導讀者的是實務經驗中有把握的操作方法，就是選對績優股設定獲利目標，用長期間操作的方式，達成理財退休或致富的目標。（有關設定獲利目標的方法，容後詳細說明）

股票投機能力的提升

買低賣高能力的提升

　　股票投機能力的提升，就是提高股票操作的知識（IQ），最重要的就是買低賣高的能力，投機客必須具備股票操作的情緒管理，及股票操作的知識。本人認為情緒管理能力較股票操作知識重要，但絕不是說操作知識不重要，所謂操作知識包括風險管理，選擇股票，及買低賣高等，但也絕不是要具備精準的預測能力，及精確的預估 EPS 與本益比。

　　本人開宗明義就說，唯有經由股票投機，才能達成理財目標，每一位股票操作的投機客，都必須具備情緒管理及操作能力。所謂股票操作的能力，就是能夠運用簡單的原理「買低賣高」，本人將努力說明運用「買低賣高」的方法。本人有個夢想，希望台灣社會的中間份子，能經由股票的操作，完成退休財務獨立的目標，也就是說將M型社會的結構（上層非常富有，但下層非常窮，中間階層降為下層而消失），逆轉成鑽石型的社會結構（中間階層經由股票操作而財務獨立，且占社會的大部份，至於富者及窮者僅占社會少部份），因此本人傳授股票操作的基本目標，是希望投機客皆能具備股票投機能力，進而達成理財退休或致富目標；長

期夢想則是希望將 M 型的社會結構，逆轉成以中間階層為主
的鑽石型社會結構。

提高風險管理的能力

(一)唯有投入風險才能理財

　　本人一直強調所謂投機理財，就是將資金投入風險之
中，絕對沒有零風險或低風險能完成理財目標，例如將資金
投入銀行定存，或購買政府公債，或購買高配息股票（有關
高配息投資法，本人有詳細的補充說明），唯有將資金投入
風險較高的股票操作，才有財務獨立的可能，因為每一位理
財致富的富豪如巴菲特，科斯托藍尼，彼得林區，王永慶，
蔡萬霖及郭台銘等，哪一位不是將資金投入風險而致富（風
險產品包括股票，不動產及創業等）。風險每個人都不喜歡
也都想辦法逃避，但是不將資金投入風險如何能理財？所以
說風險要管理而不是逃避，甚至妄想利用各種方法來消除風
險，不論是想逃避風險，或是想消除風險，皆是徒勞無功，
因為世界上絕對沒有不投入風險而妄想理財之事。各位讀者
不妨仔細思考，不願面對風險及願意面對風險，都會對生活
構成壓力，當不願面對風險而將資金擺在銀行時，則會面對

退休後生活水準下降的壓力，且近年來由於油價的高漲導至
國內通膨的壓力，預估 2008 年全年的消費者物價指數將達
到3.5%，比一年期銀行的定存利率高而形成負利率的現象，
但當面對風險將資金投入股票時，則擔心套牢面臨損失的壓
力。聰明的讀者是選擇面對風險，但有機會達成理財目標？
或是不願面對風險，但面臨退休後財務困境的壓力？所以說
每位讀者都必須具備理財能力，理財風險是要管理，而不是
害怕或逃避，本人深信，只要做好風險管理，就能勇於面對
風險做好理財工作。

(二)風險是要管理而不是逃避

　　風險是必須用方法來管理，就如人生有旦夕禍福，每個
人隨時都將面臨不可預知的風險，但是每個人皆無法逃避，
唯有利用買保險的方式來達到管理人生風險的目的。各位讀
者應該明瞭買保險的重要性，因為保險的本質就是個人風險
的分散，透過買保險的方式，將個人的意外事故，由保險參
與者共同承擔，相信讀者一定同意，人生無法預知將遭受何
種事故，與其小心謹慎天天擔心，還不如買個保險安心，奉
勸讀者不要再迷信算命，或問神明的方式妄想預知未來。例
如本人親身的經歷深感保險的重要性，2008 年3月2日上午
11 點，本人開車載小孩去看醫生，當將車停在路邊準備打

79

開車門時，沒有注意後方的摩托車，結果使對方連人帶車跌倒，造成對方左膝蓋骨裂傷，由於是本人的錯誤，所以必須負責賠償的責任，同時本人也通知保險公司備案，在對方療養的三個月期間，本人充分展現願意賠償的誠意，且時常打電話表達關心及歉意，甚至到醫院探視好幾次，本人衷心期望對方感受本人的誠意，使雙方能平心靜氣的合理解決賠償問題。但是事與願違，雖然對方承諾本人不會要求額外的賠償，只要賠償醫療費用及工作所得，經初步估算賠償金額應該在十五萬以內，沒想到第一次合解談判時，對方竟然加上精神賠償及其他費用，總共三十萬的賠償金額，讓我一顆熱誠的心瞬間跌落谷底，有種被欺騙的感覺，保險公司理賠員表示必須請示上層主管，且保險理賠員似乎有接受的可能，主要原因就是本人投保的金額頗高且避免雙方撕破臉，但不可思議的是，對方第二天又反悔要等傷勢更確定再談合解，此時本人已經徹底醒悟，對方是毫無誠信的人，並做最壞的打算上法院，大約一個月後第二次和解談判，對方再度加碼至四十五萬且不包括強制險，此時本人也展現強勢與保險公司商量的結果提出最後底線，賠償四十萬包括任意險，強制險及所有的費用，在對方長子的勸說下，雙方最後達成四十萬的賠償金額，且完全由保險公司負擔，經過這次刻骨銘心的經歷，更加強本人對保險重要性的認識，若沒有保險公司良好服務的參與，及秉持雙方能圓滿解決保護客戶的宗旨，

則本人由於這次無法預知的意外事故，將造成本人大量金錢損失及精神的損耗。再舉一個沒有買保險的實例，本人妻子的同事駕車不小心將對方的右腿撞斷，且顏面也受到重傷，傷勢非常嚴重，但可惜的是這位同事竟然沒有保險，未來將面臨龐大的賠償費用，使她精神承受非常大的壓力，上述兩個實例充分說明，本人有買保險可以大幅提高面對風險的壓力，妻子同事沒有買保險則將大幅降低承受風險的壓力。同理，能做好風險管理者及沒有做好風險管理者，面對股市重挫的壓力將有明顯的差異，本書的重點之一就是說明風險管理的方法，追求獲利是操作股票的最終目標，但必須要有充分的風險意識，很多人被誤導認為股市專家，尤其是知名度高的分析師，具有準確預測未來的能力，只要按照他們的分析來操作股票，必能百發百中，如此必然大幅降低風險管理的意識，風險之所以存在且無法完全消除，就是每個人皆無法準確的預測未來，我認為股市中有兩種人絕對不會存在，一是百分之百看對行情，二是百分之百看錯行情。只有兩種人敢說百分之百看對行情，一是聖人，二是騙人，至於百分之百看錯行情也不存在，因為只要跟他對作就可以百分之百做對。

　　股市中只有贏或輸的機率，贏者獲利機會大，是能做到多數人做不到的事情，如提高 EQ 管理，及風險管理的能力，所以理財非常重要，且不是件困難的事情，但是每一位

皆必須全心的投入，且不斷練習情緒管理的能力，包括培養
耐心，不害怕及不貪心等。

1、用閒置的自有資金投入風險

　　用閒置資金投入風險，是風險管理的首要條件，因為股
市會有風險就是無法準確預測未來，在股市中隨時都會有不
可知的利空因素，且利空因素不但千奇百怪，也來自於世界
各地，以人類有限的能力，根本無法預知何時會出現何種利
空，因此風險管理的首要條件，就是用閒置的自有資金投入
股市，一旦股市遭逢突發性利空而重挫，由於對生活沒有任
何壓力，且持有績優的股票，就能勇於面對重挫的股市，
耐心的持有股票，經過一段時間當利空消除時，股價將恢
復原本上升的軌道。例如 2007 年美國發生次級房貸風暴，
造成股價指數由 9800 點重挫至 7300 點，然後再由 7300 點回
升至 9300 點，又例如 2007 年宏碁電腦公司宣布併購國外電
腦公司，由於外資不看好併購案，甚至看壞國內品牌電腦公
司，獲利將會受到拖累而衰退，造成公司股價短短一周內重
挫 15%，此時若用閒置資金購買，就能提高風險管理，且能
勇於面對重挫的壓力；事後證明外資的看法錯誤，因為宏碁
電腦的股價，由最低點 55 元起漲至 78 元最高價，漲幅高達
42%，外資也修正看法，認為此電腦併購案，不同於明碁購
併西門子手機部門，因為宏碁電腦是以大併小，但明碁卻是

以小併大。再例如 2006 年國內 LED 封裝大廠億光，由於捲入司法訴訟事件，造成股價重挫由 55 元下跌至 35 元，此時若是用閒置資金持有，並深信購買股票的基本面並未改變，能忍受套牢的壓力，事後證明億光公司，由於產業前景佳及獲利大幅成長，股價由最低點 35 元大漲至 140 元（本人將會說明億光不再是成長股）。只要能用閒置的自有資金持有股票，必能勇敢面對指數的重挫，進而耐心等待股市的否極泰來；用閒置自有資金買股票，就如同購買人壽險及汽車險，當持有人壽險就能勇敢面對人生風險，當持有汽車險就能勇敢面對意外事故，當用閒置自有資金持有股票，就能勇敢面對詭譎多變的股市環境。

2、做好資產配置

(1)資產配置就是高風險及低風險的產品配置

所謂資產配置，就是將資金分散在不同風險的資產上，諾貝爾得主夏普說：80%成功的投機，是做好資產配置，足見其重要性。以台灣目前可使用的資產產品包括股票，不動產，銀行定存，債券及保險等，只要將資金分散在上列的產品，就能做好風險管理，至於資金配置的百分比如何，決定於投機客風險喜好程度的不同，對一個喜好風險的投機客，建議將 50% 以上的資金，投入較高風險的產品如股票及不動產，其他資金則放在

低風險產品如定存，債券及保險等，例如有一千萬的資金，其中六百萬投入股票或房地產，其它四百萬則分散在定存，債券及保險；而一位保守的投機客而言，則將50%以上的資金，放在低風險的產品上如定存，債券及保險等，其他資金則投入較高風險的股票及不動產，例如有三百萬資金，其中兩百萬放在定存，債券及保險，其它一百萬則投入股票投機。至於一位未滿35歲且尚無多餘資金的投機客，最重要就是累積三十萬的閒置資金，一旦有三十萬資金，然後再規劃其它的資產配置如購置自住房屋，因此不同風險喜好者，將有不同的資產配置，至於影響風險喜好程度的原因包括個性，年齡，職業及資金狀況等。

(2)風險喜好程度決定理財的目標

　　一位喜好風險的投機客，須具備積極的個性，年紀輕，待遇良好及充裕的資金狀況等；一位保守投機客的條件，則是保守的個性，中上年紀，待遇中等及保守的資金等。但是無論是風險喜好或保守的投機客，都能達到理財的目標（本人已經定義為享受退休生活及致富），尤其是保守的投機客，仍然可經由股票投機來完成理財退休目標。本人再度強調，每一位投機客若能在35歲以前，累計一筆三十萬的資金，就可以達成理財退

休的目標，絕對不要認為一位保守的投機客，無法達成理財的目標，當然喜好風險的投機客，則比較有累積致富的機會，因為上天是公平的，「承擔較高的風險則有較高的報酬率」。

(3)做好資產配置則應高集中持股

當做好資產配置而風險獲得控制時，則可以採取高集中持股的策略，也就是說投入股票的資金，應集中在少數幾支股票上（本人建議五支以內），而非分散於多數的股票。許多專家都說不要將雞蛋放在同一個籃子裡，藉以分散風險，但是過度分散持股，將導至較低的報酬率，難以達成理財退休的目標，本人認為應將資金，集中在少數幾支股票上，也就是說將雞蛋集中在一個籃子裡，然後集中心力全力看好籃子，因為唯有集中持股，採取重押個股的策略，才能獲得較高的報酬率，請記得股票操作的報酬率，不是決定於少數資金押對飆股，而是將多數的資金押對股票，如用三十萬買六支股票，平均一支股票押五萬，假設其中一支股票一年內漲五成，其它股票不變，這支飆股對股票組合的貢獻是二萬五，也就是說三十萬的年報酬率是8%，完全不符合本人要求的至少15%；但若是三十萬買進兩支股票，平均一支的分配資金是十五萬，若其中一支股票一年漲二

成，另一支漲一成，總共獲利四萬五，也就是說三十萬的年報酬率是 15%，完全符合本人要求的至少 15%，只要讀者選對績優股，且充分運用買低賣高的操作，應能完成每年至少 15% 的報酬率，由於已經做好資產配置，加上用閒置資金選擇績優股票，雖然採取高集中持股的策略，但風險仍在可控制的範圍。

(4)持股組合應控制在五支以內，且分散在不同的產業

　　依據本人實務操作的經驗，本人建議股票組合持有的支數，應該控制在五支以內，至於個股產業的配置，應盡量分配在不同的類別上，如電子類，非電子類及金融類股。例如持股組合包括台積電晶圓代工公司與台塑塑化公司及國泰金控公司等，或是分配在大產業類下的次產業，如電子類下的半導體，電腦零組件，及面板類等，如持股組合包括台積電晶圓代工公司，鴻海電腦代工大廠及友達面板大廠等。應該盡量避免個股集中在相同類型的次產業，如持股組合不應該是半導體類的台積電，聯電，及日月光等，因為持股分散在不同的產業，可進一步降低操作風險。有關選擇次產業個股的邏輯上，本人認為，只要選擇次產業市佔率最高的個股，不需要分散持有，例如當看好半導體的產業前景時，應該只選擇市佔率最高的公司，當看好塑化產業時，應該選

擇市佔率最高的公司，當看好金融類股時，應該選擇市佔率最高的金控公司，因為市佔率最高的公司，通常是產業中最有競爭力且績優的公司，當然次產業的龍頭公司是大股本的公司，比較難有飆漲的機會，可是本人認為只要能每年維持至少15%以上的報酬率，長期下來仍可完成理財的目標。奉勸讀者在股市操作中，必須以風險管理為最優先考慮，因為股市是高風險的環境，唯有先做好風險管理，才能追求穩定的報酬，相信讀者若能做好資產配置，再用閒置資金買進五支以內的績優股，且分散在不同的產業上，則股票投機風險，必將獲得有效控制，進而大幅提高情緒的管理。

(5)系統風險及非系統風險

造成股市風險的兩大因素為系統風險，及非系統風險，其中系統風險又稱為不可分散的風險，非系統風險又稱為可分散的風險。

A.系統風險又稱為「不可分散的風險」：因為此種風險是總體利空因素造成，促使股市全面重挫，與持有個股支數毫無關係，如2008年國內面臨油價飆漲的通膨壓力，促使指數由9300點重挫至4100點，又例如2007年受到美國次級房貸風暴的影響，指數由9800點重挫至7300；再例如2000年國內第一次政

黨輪替且國內陷入政治風暴中，促使指數由 10300 點
重挫至 4550 點。此時不論持股組合的分散，也無法
避免下跌的風險，要避免系統風險的唯一辦法，就是
零持股，至於造成系統風險的總體利空因素，包括戰
爭，恐怖攻擊，地震，及政策利空等。雖然系統風險
不可分散，但是讀者仍可正確解讀，非突發性的總體
利空，而採取零持股的策略，例如2008年的系統風險
就可避免，因為油價飆漲所造成的通膨壓力，是媒體
報導一段時間的事實，而不是突發性利空，只是大多
數人錯誤解讀，「政黨二次輪替」的資訊，相信新政
府提出的經貿利多政策，例如包機直航，大陸人士來
台觀光，大陸富豪來台投資房地產，放寬金融公司至
大陸設分行，及擴大內需方案等，加上部分重量級人
士包括政府高層，外資及知名分析師等，皆喊出指數
將攻上萬點行情，當時市場氣氛可說是一片大好，極
度樂觀，連擦鞋童手中都持股滿檔，但大多數人皆忽
略兩點，一是多頭行情將在一片樂觀中結束，二是螳
螂捕蟬黃鵲在後，因為多數人將通膨利空視若無睹，
且錯誤解讀資訊者，皆慘遭套牢。至於突發性利空如
恐怖攻擊事件，地震，及陳總統槍擊事件等，所造成
的系統風險，則完全無法避免，但只要事先做好風險
管理的動作，則可以大幅提高面對系統風險的壓力，

根據實務經驗，非經濟型的突發性利空，經過一段時間後，股價通常會出現跌深反彈的走勢，只要持有績優的股票，忍受一段時間的套牢壓力，最終都能轉虧為盈。

B.非系統風險則是「可分散的風險」：因為此種風險是個別公司所發生的利空因素，如營運衰退，財務危機，或人謀不臧等，造成個別股價的下跌。非系統風險，可經由分散持股的方式（五支以內）予以規避，例如股票組合包括電子股，非電子股，及金融股三支。其中金融股公司高層涉入內線交易，被檢察官起訴且造成股價下跌，由於是金融公司的個別利空，並不會影響其它兩支股票，甚至其它兩支股票因獲利成長而股價上漲，如此兩支漲一支跌，可以大幅降低個別公司利空，對股票組合的影響，要做好非系統風險管理的最好方法，除了分散持股外，就是選對績優股，只要做好分散持股（五支以內）及選對績優股，就可以大幅降低非系統風險。

因此第一步做好資產配置，將資金分散在不同的金融產品上，第二步用閒置資金持有五支以內個股，且分散在不同產業的績優股，就可以大幅降低系統風險及非系統風險，一旦風險獲得有效控制，就能克服恐懼，勇敢面對詭譎多變的股市，最終達成理財目標。

3、選對績優股

(1)選對績優股必能大幅降低風險

　　績優股的條件包括公司誠信與治理佳，專注於本業，及財務結構健全等，選對績優股就可以避免踩到地雷股（公司被掏空或發生財務危機），因為一旦踩到地雷股，則個人將面臨極高的風險，嚴重時畢生的積蓄將毀於一旦，因此每一位投機客，都必須認真研究每一支欲買進公司的基本面，絕不能以賭徒的心態重押不熟悉的公司，或甚至明知公司信用程度不佳，心想只是短線持有而忽略潛在的極高風險。請記住若要在股市長期生存，且達成理財退休目標，必須建立起選對績優股的首要心態，另外績優股也比較能逢凶化吉，因為當面對突發性利空股價重挫時，一則績優股較能展現抗跌性，二則當利空消息消除時，股價將恢復原來漲升的軌道，因此選對績優股，必能提高風險管理的能力。

(2)選錯股票必將大幅提高風險

　　相反的，若忽視選股的重要卻選擇不熟悉，或信用不佳的股票，將使個人暴露在極高度風險中，以下實例即可充分說明。

A.第一是中興銀行事件

　　2008 年四月有高雄南霸天之稱的前中興銀行董事長王玉雲，被三審定讞判處有期徒刑七年四個月，但是卻在宣判前經由偷渡方式潛逃至中國，所有持有中興銀行股票的股東都欲哭無淚，因為本金一夕之間化為烏有。

　　王玉雲，這位曾經身價百億在南台灣「喊水會結凍」的南霸天，由於涉入中興銀行近八百億元的違法超貸掏空弊案，最終落得棄保潛逃，卻不敢面對司法。出身貧困漁家的王玉雲靠著拆船及鍊銅暴富，又以一介富商之身跨入政壇，不但曾當選高雄市長且成為先總統蔣經國先生身前的紅人，遊刃於政商之間顯赫一時。

　　正當王玉雲政商兩得意時，於 1991 年代後大肆擴張事業版圖，多角化事業內容包括電線電纜、拆船、銀行、證券、電信及建設等盤根錯節的大財團，其中又以設立中興銀行成為拖垮王家事業的主要因素。事實上，由王玉雲好大喜功及利用政商人脈追逐熱門事業的經營手法判斷，已經註定該財團由盛而衰的命運，雖說 2000 年政黨輪替只是一項引爆器，但若無本質上錯誤經營的重大瑕疵，何以造成王家事業土崩瓦解的結局。 2000 年四月爆發中興銀行違法超貸弊案，其中又以台鳳公司違法超貸案最嚴重，很明顯是人謀

不臧，中興銀行高層將大眾之存款，當做私人金庫違法使用，台鳳公司的董事長黃宗宏違法借款，且將資金投入股市炒作該集團的股票，最終惡果是東窗事發竟至拖垮兩家集團的事業（取材自網路資訊）。

B. 第二是博達事件

　　2001 年六月爆發博達公司被掏空事件，公司帳面上之六十三億現金不翼而飛，該公司董事長葉素菲女士也遭檢察官起訴，且公司進入冗長之重整訴訟，同時被打入全額交割股，促使三萬八千名股東慘遭套牢。因為該公司 1999 年底上市，到 2001 年六月出事，短短一年半期間，股價自上市期間之天價 368 元最終變成壁紙，猶如自天堂掉入地獄，真是情何以堪。

　　1958 年出生的董事長葉素菲女士，身價曾經高達百億，這位來自南部鄉間的科技門外漢，充分掌握科技主流的趨勢，將公司包裝成前景無量的高科技公司生產砷化鉀產品，企圖吸引股市大眾，利用各種財務操作方法掏空公司，主要掏空手法有：

　　絕招一　業績灌水以利募資
　　絕招二　虛增現金矇騙銀行及股市大眾
　　絕招三　利用假業績向外募資，彌補龐大資金缺口
　　絕招四　撤換會計事務所相關人員，避免東窗事發

絕招五　動用各種人脈，尤其夫婿林華德，欺上瞞
　　　　下掏空公司（取材自網路資訊）

C.第三是遠航事件

　　2008 年 4 月遠東航空公司發生財務危機，同年6
月遠航員工走上街頭爭取工作權，不但公司被打入全
額交割股且將面臨下市的命運，持有遠航股票股東的
本金將永遠無法變現。這些買進遠航股票的短線客，
當初買進的理由是否受到未來兩岸三通題材的利多刺
激，完全忽略遠航獲利巨幅衰退的事實？甚至該公司
財務已經出現惡化的跡象時，仍然勇於買進，因為多
數研究員皆深信，只要未來兩岸實現三通對航運股將
是大利多，因為深信市場多數人的看法，而忽略公司
獲利巨幅衰退及財務惡化的事實，將面臨極度高風險
且失敗的命運。

　　遠航董事長崔湧，熱中於金錢遊戲，喜歡從事高
槓桿的財務操作，很早以前航空界就形容遠航公司，
根本就是投資公司而不是航空公司，認識董事長崔湧
的人都會同意他聰明外露，談吐清晰很容易讓人折
服，但過度自信卻讓他忽略轉投資的潛在風險，他將
每年約八十億元營業額的遠航公司，當作投資公司操
作，到處轉投資。因為投資的失利，加上高鐵通車對

航空業的重大衝擊，促使近年來財務急速惡化，終至一發不可收拾的境地，遠航陷入絕境董事長要負最大的責任（取材《自由時報》）。

　　本人只舉出三項實例，說明選錯股票的嚴重性，相信讀者必然同意，自有股市以來，發生財務危機及掏空事件可說是層出不窮，尤其是台灣上市加上櫃的家數已經高達兩千家以上，其中隱藏多少的地雷股，各位讀者若不能謹慎小心，很容易誤踩。但請讀者不需要擔心害怕，認為知識不足及時間不夠，無法在兩千多支股票中做選擇，只要獲利目標非常清楚，追求每年穩定的獲利，而不是買進飆股、妄想一夕致富，確實執行本人建議的嚴格選股標準，將少數績優的股票納入持股組合中，就可避免踩到地雷股。

提高選股的能力

（一）績優股票分成績優成長股及績優轉機股

　　選對績優股票在股市操作中是非常重要的工作，投機客都必須投入大部份的時間選擇績優股。本人將績優股票分成

兩大類，一是績優成長股，二是績優轉機股，此二類股票的共同特徵包括公司的誠信佳及財務結構健全。財務結構健全必須具備兩項條件，一是負債比率低，二是正常的現金流量（就是公司每年都賺錢）。

1、績優成長股的條件

(1)誠信及公司治理佳

所謂誠信與道德無關，不是儒家所謂的大仁大義，我們不需要以高道德標準，來評估一家公司的領導階層，因為商場如戰場，商場必須採用靈活的手段，來面對多變的經營環境；但堅守商場的誠信原則，則是基本的要求，正所謂「人無信則不立」。一家重視誠信的公司，應該不會利用非法手段掏空公司，每一位投機客皆必須廣泛收集資料，密切了解經營階層的誠信，一旦發現經營階層有任何誠信上的瑕疵，應當壯士斷腕賣出持股，且將該支股票永遠拿出股票組合。例如富豪巴菲特教育他的下一代「要做一個值得信賴的人」，且巴菲特選擇公司首先重視的就是公司誠信，足見誠信的重要性，另外自從美國大企業接連發生內稽內控問題，進而迫使美國證管會制定嚴格的公司治理制度，台灣證期會也如法炮製，嚴格要求國內上市上櫃公司制定治理制度，其目的在於促使資訊透明化，避免經營階層有任何

非法的行為。當然「徒法不足以自行」，最重要仍然是
經營階層本身堅持誠信原則，絕不做非法的事情，應可
避免重大違法事件發生，每一位讀者皆應進入股市觀察
站，確實了解績優公司治理的執行狀況，也要確實了解
領導階層的誠信記錄，如2007至2008年接連發生力霸
東森事件，萬泰銀行事件，及遠航事件，皆是領導階層
誠信的嚴重瑕疵，導致公司的被掏空及財務危機，且事
前皆已出現跡象，投資人只要密切注意，非常容易判斷
公司已露出敗象，但若被短期利多的消息面所迷惑而短
線介入，很有可能面臨突發性利空而被嚴重套牢。例如
2008年政黨輪替，新政府馬上提出周末包機直航的利多
政策，此時有心人士介入航運股大肆炒作，其中遠航股
票也呈現飆漲，但是遠航財務結構已經出現惡化跡象，
且公司高層近年來持續高槓桿操作，公司治理有嚴重瑕
疵，若對上述事實視而不見，只想短線操作快速獲利，
則難逃重大損失的命運。只要股市存在一天，有關誠信
瑕疵造成之掏空事件，將會不斷上演，遠航事件絕對不
會是最後一件。

(2)聚焦於本業

　A.聚焦於本業才能夠獲利成長：能夠專注於本業的公司
　　才能有成長的機會，所謂的聚焦就如同《A 到 A+ 從

優秀到卓越》這本書所說的「刺蝟原則」，能夠聚焦於本業的公司必須具備三項條件：一是對本業有熱情，二是擁有核心競爭力，三是穩定的獲利來源，所謂刺蝟原則，就是說雖然刺蝟只有一種防衛武器——身上的刺，不如狐狸般有各種武器，當狐狸想捕捉刺蝟時，刺蝟只要張開身上的刺，就可以充分的保護自己，狐狸即使想盡各種辦法也無法捕捉刺蝟。一家公司擁有核心競爭力的本業，就能在所處的產業中立於不敗之地，因為能夠聚焦於本業的公司，表示對本業充滿熱情，有熱情就能夠全心的投入，將公司所有的資源與優秀人力，投入於本業的發展，長期下來就能鍛鍊出核心競爭力，一旦築起高門檻的競爭力，就能夠提高市佔率，一旦擁有高市佔率，就能創造穩定的獲利來源，就如同《A到A+》一書中所言聚焦的公司，必須花相當長的時間投入優秀人才及資源，厚植公司的實力，並建立起本業長期的競爭力，然後再輔助有紀律的文化，及具有創意的科技能力，一旦累積的動能形成，此動能必能將笨重的滾輪往前推動，一旦笨重滾輪前進的力量形成，只要使用很小的力量，就可以將笨重的滾輪迅速往前推進，就如同績優公司長期聚焦於本業，一旦建立起高競爭力的核心本業，則公司的獲利就能夠穩定的持續成

長。一家績優公司的獲利能穩定成長，則其股價應該
具備向上漲升條件，例如美國電路城公司（CIRCUIT
CITY）自 1982年至 1997年 的十五年期間，其股價
報酬率較大盤指數上漲率高出近十九倍，其它如吉
利公司（GILLETTE），及菲利浦模理斯（PHILIP
MORRIS）等股價的表現，都較大盤指數上漲率高出
七倍，主要原因是上列公司能夠長期聚焦於本業，進
而累積出獲利成長的動能，再例如國內上市公司中*台
積電*公司聚焦於晶圓代工業，*宏碁*公司聚焦於電腦品
牌的經營，*聯發科*公司聚焦於IC產品的設計，*大立光*
公司聚焦於相機鏡頭的生產，及*巨大*公司聚焦於自行
車品牌的銷售等，這些公司近年來獲利的表現都非常
突出，股價的報酬率也比大盤指數佳，就以 2008 年5
月20至7月20日兩個月期間為例，指數自 9300 點重挫
至 6700 點跌幅高達28%，但上列公司多能相對抗跌，
其中又以巨大公司的表現最為突出，竟然逆勢上漲。

B. 多角化策略易陷入經營困境：相反地，有許多公司採
取多角化的經營策略，將公司的資源與人力，分散在
不同的事業上，長期下來將遠離其核心事業的經營，
發展成缺乏核心競爭力的多角化集團，每個事業在所
處的產業之中市佔率皆很小，終至傷害公司長期的獲
利來源，就如同狐貍雖然擁有多樣化的武器，仍然無

法發揮捕捉刺蝟的效果，當然這些多角化公司的股價，通常形成弱勢架構，甚至嚴重結果是拖垮公司造成財務危機。

就本人認知，多角化公司通常出現下列狀況：

第一類當本業身陷紅海競爭力衰退時：此類多角化的公司，由於本業經營環境日漸惡劣且身陷紅海，將資源與人力投入其他熱門行業，且是不熟悉的行業，造成未來獲利的衰退，例如1990年代電子業大好時，部份非電子公司，由於本業的發展遇到瓶頸，造成股價欲振乏力，同期間電子公司本業獲利佳，且股價亦呈現大多頭，因此部份非電子公司，即轉投資電子業而形成多角化，其中最著名的案例即是久津食品公司，生產著名飲料菠蜜果菜汁，曾經叱吒風雲顯赫一時，無奈食品業進入紅海市場，為尋求突破進而在2000年網路業泡沫化時，轉投資與食品業完全不相關的網通業，生產寬頻數據機，最終結果是久津食品由於錯誤的多角化策略，發生財務危機而下市。再例如2008年歌林公司的案例，該公司當年上市掛牌的無擔保公司債無量重挫，緊接著公司股價也無量爆跌，引起股市大眾好奇，這家已有四十五年歷史的老牌家電公司發生何事，分析結果是歌林公司由於錯誤的多角化，投資美國的液晶電視品牌公司SYNTAX

BRILLIANT，企圖利用 STX 的通路，在美國低價銷
售自有品牌 OLEVIA 液晶電視，不幸的是 SYNTAX 公
司發生財務危機，連帶影響歌林公司的轉投資經營，
加上本業長期的獲利衰退，竟至雪上加霜一發不可收
拾，根據該公司總經理表示，由於傳統家電已落入夕
陽產業，惟有液晶電視能為家電業者開創第二春，於
是和液晶電視通路商 SYNTAX 攜手合作，大舉進軍
美國市場，歌林公司的多角化策略，至少犯下兩項錯
誤，一是只有夕陽公司沒有夕陽產業，二是跨入不熟
悉的美國市場 其它如葉松根創辦的羽田機械，及孫道
存經營的太平洋集團等，皆因錯誤的多角化策略，終
至財務危機甚至下市命運。

　　第二類看到新商機出現就好大喜功的投入：此類
多角化公司的本業經營，仍能有穩定的獲利，但由於
好大喜功且見獵心喜，即使對新事業不熟悉且缺乏熱
情，因為是新興的熱門行業，進而吸引第二類多角化
公司，將資源與人力投入此熱門行業。第二類多角化
公司在國內比比皆是，例如 2006 年起 LED 產品「發
光二級體」深受市場的重視，且相關公司如晶電、億
光等獲利率大幅成長，進而刺激股價的多頭架構，許
多非 LED 公司受到熱門產品的吸引，即轉投資生產
LED，若以台灣公司的擴產能力，預計若干年後 LED

的產量將巨幅擴充，屆時 LED 產業將逆轉成紅海市場，相關公司的獲利率，將再度面臨衰退的命運，這也是本人不再認為億光是成長股的理由之一。另外由於油價的持續創新高，進而造就節約能源產業的興起，自 2007 年起太陽能產業崛起為未來最熱門的產業，相關公司如茂迪及益通等股價，也一度佔據上市公司中股王的角色，因此許多非太陽能電池的公司，例如億光、聯電、茂矽、力晶、奇美電及錸德等，由於無法抗拒熱門產業的吸引，進而轉投資太陽能電池產品，因為進入障礙低，預期將有許多新業者不斷加入，同樣以台灣公司的擴產能力，若干年後太陽能電池產業，將由一片大好的藍海市場，逆轉為惡性競爭的紅海市場，這是本人不再認為億光是成長股的原因之二。

　　本人再舉實例說明第二類多角化公司，2007 年元月4日力霸公司聲請重整，引爆一連串的骨牌效應，終至力霸、嘉食化及中華銀行的倒閉下市，深究原因是力霸集團多角化擴張策略所造成，力霸集團靠營造業起家，在首位創辦人翁明昌的主導下創立嘉新食品公司，約莫 1970 年代，王又曾靠著天生的機智及靈活的手腕，成為力霸及嘉新公司的董事長，進而展開一生傳奇的事業，首先力霸轉投資百貨業並發展成衣蝶

百貨公司，繼而在1990年利用豐沛的政治人脈，取得
設立中華銀行的許可權，然後1994年追逐國內化纖事
業的大好行情，投資近兩百億設立聚酯化纖廠，並將
嘉新食品公司改名為嘉新食品及化纖公司。短短十年
間在王又曾的主導下，事業版圖自營造及食品的核心
事業，擴張至毫不相關的多角化事業，包括百貨業，
銀行業及化纖業等，其中又以化纖業的錯誤投資，
引發集團的財務壓力，但真正壓垮集團的最後一根稻
草，是追逐熱門行業轉投資亞太電信公司，至此該集
團已經面臨沉重的財務壓力，終於在2007年元月4日
爆發。請讀者了解，力霸集團的案例不會是國內的最
後一件，務必謹慎選擇第二類型多角化公司，因為此
類型公司，本業發展尚有獲利，容易讓人忽略未來潛
在的轉投資風險

(3)擁有高市佔率

　　高市佔率代表高競爭力，績優公司的產品，若能在
所處產業中擁有高市佔率，代表公司有強烈的競爭力，
且有足夠的現金流量，及有併購其他競爭公司的能力
等。唯有能夠專注於本業的公司，才有條件提高市佔
率，宏碁創辦人施振榮說過「寧可在小規模的利基市
場，擁有高市佔率，不要在大規模的紅海市場，做個微

不足道的市場影響者」，另外鴻海董事長郭台銘也說過，「在電子代工產業中，只有前兩大公司可以穩定的獲利，第三大僅可損益平衡，至於第四大以後將是非常辛苦的經營」，因為低市佔率，代表較弱的競爭力及較低的獲利率。

例如台塑公司在國內擁有絕對高的市佔率，因此能享有長期穩定的獲利來源，同時股價也能夠維持多頭的架構；再如鴻海是全球最大的電子產品代工製造廠，宏碁電腦品牌在全世界擁有第三位的電腦市佔率，巨大自行車品牌在全世界也位居前三名，及台積電晶圓代工的產能擁有全世界第一的市佔率，這些公司也能享有長期穩定的獲利來源，同時股價也能夠維持多頭的架構。

表一　台積電等五家公司近五年（2003至2007）之稅前獲利趨勢

單位：百萬元

年　度	2003年	2004年	2005年	2006年	2007年
台積電	51,028	91,779	93,819	134,806	120,751
鴻　海	25,355	33,724	47,076	70,673	89,544
宏　碁	7,761	7,759	9,650	11,775	13,572
台　塑	16,679	38,421	37,758	32,110	50,689
巨　大	1,168	1,200	1,301	1,148	1,961

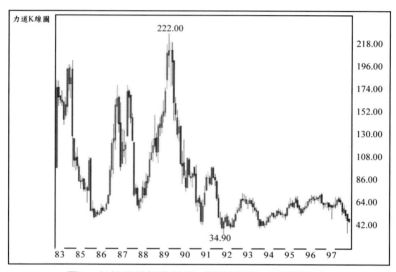

圖2　台積電股價趨勢圖（資料來源：精誠資訊）

圖3　鴻海精密股價趨勢圖（資料來源：精誠資訊）

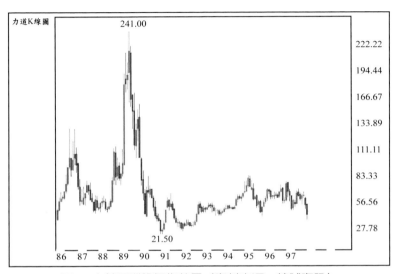

圖4　宏碁電腦股價趨勢圖（資料來源：精誠資訊）

圖5　台塑股價趨勢圖（資料來源：精誠資訊）

圖6　巨大機械股價趨勢圖（資料來源：精誠資訊）

2、績優轉機股的條件

　　轉機股的主要條件就是轉型成功，轉型成功的主要原因
有兩項，一是「藍海策略」，也就是產品多元化成功，二是
「刺蝟策略」，也就是縮減多角化的事業回歸至本業經營，
然而產品多元化的藍海策略，則與前兩類多角化公司有顯著
的不同，本人稱為從核心事業，擴張至周邊事業的多元化策
略。產品多元化擴張的藍海策略，屬於健康的產品多元化經
營，若能轉型成功，則公司的獲利將呈現巨幅成長，且股價
也能有亮麗表現，但是「藍海策略」的公司，可說是鳳毛麟

角可遇不可求，至於遇見「刺蝟策略」公司相對於藍海策略公司的機會則多很多。

績優轉機股轉型的主要因素有下列三項：

(1)是生產技術或產品，必須與本業具有共通性：例如宏碁電腦品牌公司，併購倚天跨入手機通訊的擴張策略，或台積電由記憶體產品跨入邏輯性產品，及鴻海代工大廠由電腦產品跨入手機組裝等。此種產品多元化擴張，稱為「水平整合式」的擴張策略，並未脫離本業的核心競爭力，且有助於公司獲利能力的提升。

(2)是具有上游及下游的垂直關係：如台塑公司由下游的二次加工業，向上游垂直整合，跨入生產汽油做為化纖原料的來源；或群創液晶電腦及液晶電視組裝公司，向上垂直整合興建面板廠掌握原料的來源；或豐興鋼鐵公司生產鋼筋及盤元，向上游垂直整合興建電爐鍊鋼廠等，皆屬於垂直整合式的擴張策略，有助於本業獲利能力的提升。

(3)是縮減多角化的事業，回歸本業的經營：如宏碁電腦首先將半導體工廠出售，回歸至本業電腦的產銷，然後再將品牌行銷與代工製造切割，回歸至品牌的經營，促使公司自2004年以來獲利呈現穩定的成長，股價也因而呈現多頭的架構；同樣的華碩電腦也掌握專業分工趨勢，將代工製造切割出去，回歸至品牌行銷的經營，因而促使獲利與股價皆有亮麗表現；再例如統一食品大廠將萬

通銀行出售，且大幅擴張在大陸的食品業版圖，進而促使食品本業獲利得以穩定成長。因此本人認為有兩支股票的未來發展，能否採用刺蝟策略是重要關鍵，一是華新集團事業包括電纜，半導體及面板，二是大同集團事業包括家電，面板，土地開發及太陽能等。

總之，績優股可以分成兩類：

第一類是績優成長股。條件是，誠信佳，聚焦於本業及高市佔率。

第二類是績優轉機股。條件是，誠信佳，且具有轉機性。轉機性條件，一是刺蝟策略，縮減多角化事業，更能專注於本業，二是藍海策略，由本業擴張至相關之周邊事業。

(二)分工與整合的真正含意

分工指的是製造與品牌的分工，整合指的是代工製造的垂直整合。本人認為專業分工，是代工製造與品牌行銷分開經營，不是長期以來多數人認為專業分工是指垂直分工；相反地，本人認為代工製造必須是垂直整合而非垂直分工，施振榮先生著名的微笑理論強烈主張，代工製造與品牌經營必須分工，宏碁就是最早採行製造與品牌分工經營的公司，緊接著有明碁電腦的分工與華碩電腦的分工等，才是真正專業分工的精神所在，絕不是製造的分工。相反地，代工製造必

須採取垂直整合的策略，進而不斷的降低製造成本提高競爭力，而不是垂直分工，妄想利用只生產單一產品來降低成本，各位都非常清楚，台灣的強項在於大量化的規模生產，則垂直整合的經營策略，將是永續經營的關鍵因素。放眼國內股市的發展可以發現未來趨勢，一是製造與品牌的專業分工，如宏碁、明碁與華碩，二是代工製造大廠的垂直整合，如台塑、鴻海、友達及緯創等，三是沒有垂直整合能力的代工廠將被購併，如普立爾及綠點，或競爭力將衰退，如華宇及藍天……等，只要讀者用心體會其中的精髓，應有助於未來選股的方向。

提高股票投機的能力

(一)提高「買低賣高」操作的能力

唯有提高股票投機的能力，才能達成享受退休生活的目標，股票投機本身是一件容易的事情，只要每一位投機客能夠持續的練習，且用長期累積財富的心態，做好情緒管理，風險管理，及選對績優股，就可使用股票投機的最基本原則──「買低賣高」來獲利，則長期經由複利的巨大效果，必

能達成享受退休生活的目標。因此*利用「買低賣高」操作策略的大前題是，必須做好基本工夫，包括情緒管理的耐心，不怕及不貪，做好風險管理的資產配置，及用閒置自有資金，以及選對具備誠信佳，聚焦於本業及高市佔率的績優股。*

(二)范蠡「賤買貴賣」的歷史故事

　　我想講一個中國歷史上利用「賤買高賣」，也就是「低買高賣」成名之中華商祖范蠡的故事。

　　范蠡乃春秋末期楚國人，輔佐越王勾踐，成為春秋時代最後一位霸主。在政治上，范蠡最被津津樂道的事莫過於輔佐越王勾踐，十年生聚，十年教訓，臥薪嘗膽，最後消滅強大的吳國稱霸中原，同時他能急流勇退不迷惑於權力的漩渦，且深知勾踐是只可共患難不可同享福，離去之前寫信奉勸好友文種儘早歸隱山林，因此流下著名佳話「狡兔死，走狗烹，飛鳥盡，良弓藏，敵國滅，功臣亡」。可惜文種割捨不下得來不易的富貴名位，最終慘死勾踐刀下，范蠡這種知所進退的偉大情操，真可做為後世的典範，在商場上，范蠡離開越王勾踐後，雲遊四海吸收各地民情風俗，廣泛收集春夏秋冬四時農作物變化的知識，最終定居於陶地，范蠡在農作物大豐收且價格重挫時大量收購囤積，等待來年風不調雨不順造成農作物欠收且價格大漲時，高價在市場賣出，他就

是利用這種「賤買高賣」的投機策略累積龐大的財富，由於范蠡世居陶地，因此後人尊稱為「陶朱公」。各位讀者想想，在中國兩千五百年前，就已經出現一位靠著「買低賣高」的大投機客累積財富，我們卻忽略投入時間研究其中淺顯的道理，相反地花許多精力妄想準確的預測未來，每當有人問本人操作股票的策略，我的回答只有四個字「買低賣高」，往往引來一陣笑聲，本人也覺得很好笑，因為老祖宗已有的智慧，我們後代卻未善加使用，竟然捨近求遠或捨本逐末。奉勸讀者自即日起，回歸股票投機的簡易本質「買低賣高」，切勿再投入無謂的時間，妄想精確的預估 EPS 及妄想準確預測未來。

提高股票投機能力的方法：

1、買低

(1)買低就是危機入市：買低的最高指導原則就是危機入市，當市場利空充斥且陷入恐慌之際，此時的股價已經持續性的重挫，這時理智的投機客該迅速反應機會的來臨，若能運用「不怕」的情緒管理，將資金投入風險之中，勇於在市場充滿悲觀氣氛中，進場買進股票且耐心持有，深信一段時間之後，必能享受甜美的果實。買低的幾項基本前提包括，一用閒置自有資金，二選對績優股，三耐心持有。彼得林區說過：「我無法預知指數的

漲跌，但確信景氣必將由衰退恢復繁榮」，科斯托藍尼說：「逆向思考是成功的要素」，績效卓著的前基金經理約翰坎伯頓說：「股市陷入極度悲觀時，就是買進的契機」。

(2)本益比分析法：目前市面上有多種判斷低點的模型，可分成兩大類基本面及技術面，基本面最常使用者是本益比法「即股價除以 EPS」，本益比法可同時適用於大盤低點，及個股低點的研判，例如就大盤低點的研判，當全體上市公司的總市值除以全體上市公司的 EPS，得出本益比在十倍以下，通常代表大盤處於低點，個股本益比若是在十倍以下也是低點。但請注意十倍只是參考的科學數字，它是相對數字而非絕對數字，也就是說在多頭市場中，由於股價呈現相對強勢，且 EPS 呈現大幅成長下，本益比很難回到十倍以下，此時若死守十倍以下進場的科學數字，很可能將錯失好買點進場的時機，相反地若在空頭市場中，則本益比可能需要修正至十倍以下才適合進場，因此不要迷失於科學分析所得出的結論，本人認為研判低點進場的時機，一定是長期經驗的累積及運氣，甚至可以說是經驗累積出來的直覺，股市長期累積出的經驗，就是「危機入市」，或是「逆勢操作」的大原則，只要面對悲觀的股市能不害怕，甚至勇於逆勢操作進場買股票，雖然無法買到最低點，且需忍

受短期套牢，但只要用閒置的自有資金持有績優股，一段時間後必能否極泰來。

A. 永遠有低點進場：也許會問，當絕大多數人都知道危機入市的道理那就買不到低點了。我的回答是「絕對不會發生」，因為人性中的害怕及貪婪之心永遠無法消除，且人類永遠無法記取教訓，試問從1990年開始，台灣重大低點指數包括 2485、3142、3098、3740、4474、5422、3411、3845、4044 及 5740，超過十次以的大投機買點的出現，說明市場多數人的信心，很容易受到總體利空環境的影響，受影響的主要原因就是一直忽略加強情緒管理的能力，卻投入在提高預測的能力。再舉例說明2008年政黨二次輪替後，新政府提出多項有關兩岸開放的利多政策，此時配合股市名嘴及美國大分析師的鼓吹萬點論，台灣股市呈現一片繁榮大好的景象，且大多數人勇於投入資金追高價，但是5月20日後短短兩個月，指數自 9300 點重挫至 6700 點，由於人性的貪婪（買進已經超過本質的股票），股市永遠有高點出現，就如同永遠有低點出現。

試問中國歷史自春秋戰國到滿清末年止，所有的戰爭殺戮只為四個字「爭權奪利」，文種死於勾踐之手，李斯死於趙高之手，韓信死於劉邦之手，及徐達死於朱元璋之手……，真是罄竹難書，只要人類的自私

心及貪婪心永遠存在，則歷史將不斷重演，且人類將永遠無法記取教訓。因此不要擔心低點不會來臨，而是要擔心低點來臨時，是否能掌握機會且勇於進場。

B.科學的分析、藝術的決策：針對研判低點的理論，本人發明一句話「科學的分析，但是藝術的決策」，利用科學方法收集資訊來研判買點，但是必須以主觀的經驗判斷，做出買進的決策，切勿以科學方法做決策，再用下列公式說明清楚。

研判個股股價買點的公式等於 EPS x 本益比：

例如某公司預估未來一年的 EPS 是 3 元，過去5年平均買進本益比是 15 倍，所以預估該公司買進的價位是 45 元，這是科學分析得出的參考買進價位，但是有幾個問題值得探討。

第一是 EPS 的正確性。請記得沒有人包括該公司的經營階層，可以準確預估未來一年的 EPS，當未來EPS 有任何變動時，買進價格的研判也必須隨著變動。本人使用 EPS 的態度是，注重未來 EPS 的趨勢性而不是絕對數字，本人會收集該公司營運資料，研判未來一年 EPS 是成長或是衰退，但絕不會花時間妄想準確預估EPS的絕對數字，因為沒有人可準確預估EPS。

第二是本益比的倍數。該公司過去 5 年平均買進的本益比是 15 倍，但是絕對會受到至少兩種因素影

響：一是股市的多頭或空頭環境，二是公司未來獲利的成長性。當股市處於多頭環境，且公司獲利大幅成長時，則本益比應該往上修正至15倍以上，相反地若是股市處於空頭環境，且公司未來獲利大幅衰退，則本益比應該往下修正至15倍以下，若是死守科學分析的15倍買進價位，將非常容易發生判斷錯誤。

　　上述說明在於應證，本人所發明的股市研判精神，「科學的分析，但是藝術的決策」，絕對不要妄想用科學方法準確預測未來，且妄想完全消除風險，因為股市的最大特色就是有風險，面對風險的正確態度應該是管理風險，不是妄想消除風險，因此研判買點的最佳方法，應該是做好風險管理，然後利用危機入市的原則，勇於進場買進。

(3)成交量分析法：利用技術面研判低點，本人最常使用者為成交量，雖然可以使用的技術工具有許多種，例如黃金交叉，頭肩底，或技術指標在低檔等，但是本人仍然堅信一項原則「簡則易知，易知則易行」，只要使用一項有用的分析工具，就可以研判低點，何必庸人自擾？因為成交量代表人氣指標，表示股市多頭或空頭的氣氛，當成交量萎縮至創新低量時，表示市場充滿悲觀氣氛，因為大多數人不願意進場買股票，且創新低量也有另一層意義，表示籌碼相對安定，當市場多數人不願

意持有股票，說明籌碼必然流向少數買家手中，此類買家通常具有兩點特性，一是看好未來的行情，二是耐心持有股票，一旦股票流向此類買家手中，則預期股價較有上漲的空間，因為籌碼穩定，且股票只有分配的問題（當多數人沒有持股，表示少數人持有多數股票），不是要不要的問題（市場多數人不看好，不表示股票消失），所以當創新低量時，代表股價的低點也將來臨，這種理論與危機入市的原理是相通的。

2、賣高

賣出皆能獲利而不是賣到最高點：依據本人經驗累積，及認真研究得出的結論，研判令人滿意的賣點比研判買點困難許多，本人再度強調沒有科學方法或模型可以研判出最佳的賣點，賣點的研判絕對是經驗累積加上好的運氣，因此每一位投機客的心態，不要期待每一次都賣到最高點，而是追求每一次出擊皆能獲利，如此利用巨大的複利效果，達成股票操作安享退休生活的目標。

依據本人實務操作的經驗累積，研判賣點的方法包括：

(1)設定目標價位

15%是最基本的獲利目標：投機客進場買進股票時，就要設定好出場的目標價位，目標價位的設定，依據股市環境及個股股性的不同有差異，但是投機客每一

次出擊買進，最基本的目標價位，應設定在15%至20%之間，但若是持有績優轉機股時，則目標價位設定，可採取較積極的方式達30%以上。因為績優轉機股實屬股中極品可遇而不可求，投機客的正確態度，就是當好機會來臨時，就要充份掌握賺取大波段的利潤，但是這種利潤絕非貪婪之心。本人期待每一位投機客，皆能設定至少15%為目標價位，深信只要能確實做好情緒管理，及買對績優股，依據台灣股市每年波動的軌跡，預期每年15%以上的報酬率應該可以達成。以一位35歲進入股市，投入30萬的投機客而言，若能每年維持15%以上的報酬率，經過20年的時間，依據複利的巨大效果，當他55歲時，30萬可累積成491萬，若再加上勞保及公司退休金等，應該可以輕鬆享受退休的生活。

(2)逆勢操作法（或稱價量關係法）

利用市場多數人都看好的時候，賣出持股，或當股價大漲一段且爆出大量時，出清持股。通常股價大漲一段且成交量爆增時，個股基本面必然充斥利多的消息，促使大多數人都看好股價的未來，此時應採用逆勢操作法，賣出股票，此種逆勢操作法（或稱價量關係法），不預設目標價位，完全依據利多賣出的逆勢操作法，因此可以獲得較高的報酬率。唯利用逆勢操作法，需要良好的耐心情緒管理，加上好的運氣。

　　以上兩種方法的運用，完全取決於個人的情緒管理及風險忍受程度，一般而言較保守者，可採用目標價位法，當然多數人也比較容易使用目標價位法，使用目標價位法的投機客，需要較長時期來完成累積財富的目標；至於第二種逆勢操作法（或稱價量關係法），較適用於風險承受度高者，當然可以享有較高的報酬率，且可以低於二十年的時間，來達成累積財富的目標，當然需要有好的運氣配合，但即使採用較保守的目標價位法，只要能長時間堅持下去，仍可以完成理財退休的目標（投入30萬，每年15%的複利效果，20年後可以創造出491萬）。

3、選對個股重於研判大盤

　　選股的能力大於研判行情的能力，投機客應該用多數的時間，來選擇續優成長或轉機股，用少數時間來研判股市的多頭或空頭格局。依據本人經驗，及多數成功投機客的實務操作，選對續優成長或轉機股有兩點好處，一是展現抗跌性，當面臨突發性利空時，二是股價維持多頭的架構，當利空消失時，股價可望再度回到漲升的格局，有關選擇續優股的方法，本人已在前面有詳細說明。

　　至於研判大盤，可以使用下列公式：

市場資金＋股市信心＝股市行情

(1)就市場資金而言：市場資金是股市的活水源頭，當市場資金寬鬆時，表示有利於股價的上漲，反之當市場資金緊縮時，則不利於股市發展，影響市場資金寬鬆或緊縮的兩個主要變數為利率及匯率。當市場利率低時，表示市場資金寬鬆應有利於股市行情，或當台幣匯率升值時，顯示國外資金大量流入國內，應有助於股市多頭行情；相反地當市場利率高漲時，或當台幣匯率大幅貶值時，則顯示市場資金趨於緊俏，將不利於股市行情發展，例如2007年國內平均利率水準在2.7%低檔，且台幣匯率呈現升值趨勢，有利於當年度股市多頭格局，再例如2008年受到國內通貨膨脹的影響，利率水準有調升的趨勢，對當年度股市發展構成壓力 本人再度提醒讀者，絕對不需要投入時間預測利率或匯率的數字，只要收集研究機構所發表的預測數字，或正確解讀央行總裁的金融政策，就足以掌握利率或匯率的變化趨勢。

(2)就股市信心而言：影響市場信心的主要因素，有經濟因素及非經濟因素，其中經濟因素包括經濟成長率，消費者物價指數（CPI）及油價，非經濟因素包括政治面（如兩岸關係），政策面（如財政政策或貨幣政策），及天災（如地震）人禍（如恐怖攻擊）。 當經濟成長率表現佳（如5%以上），物價穩定（如CPI 2%以內），及政治清明時（如兩岸和平發展），則股市屬於樂觀行

情，例如 2007 年國內經濟成長率高達 5.7%，且 CPI 也控制在 2% 以內等利多，因此當年度股價指數最高達 9800 點，呈現多頭的架構，反之 2001 年，由於美國網路產業泡沫化的影響，致使當年度國內經濟成長率重挫至負 2.7%，加上首次政黨輪替的政治不穩定等利空因素，造成股市信心嚴重不足，促使當年度指數最低至 3411 點。

(3)就市場資金及股市信心而言：若將兩者合併考慮，當市場資金寬鬆且股市充滿信心時，則表示股市進入多頭行情，相反地若市場資金緊縮及市場信心薄弱時，則股市將進入空頭架構。至於有利因素及不利因素同時存在時，如何研判股市行情？答案是憑經驗累積，例如2008年，雖然有市場資金寬鬆，及兩岸和平發展的利多因素，但卻面臨高油價，高通膨及經濟成長率趨緩的不利因素，本人認為經濟面的利空因素，要大於資金及政治面的利多因素，因此對當年度的股市看法較保守。沒有任何科學方法告訴投機客，如何將不利因素及有利因素相互加減後，股市行情是看多或看空，因為這就是投機風險所在，與其投入毫無意義的時間，企圖量化有利因素及不利因素，不如做好兩件事情，一是提高風險管理的能力，二是選對績優股。如能做好風險管理，及選對績優股兩件事情，即使行情看錯時，也能勇於面對風險，且績優股票也能展現抗跌性。

4、依據事實做預測

(1)預測與預言的差異：本人以為預測與預言是截然不同，所謂預測是根據已經發生的事實判斷未來，但是預言則是無中生有，根據想像力來預言未來。所謂已經發生的事實，包括公司決定擴張至周邊事業，或併購相關事業，或開發新的產品及技術，或投資設廠擴充產能，或縮減多角化的事業，或央行宣布調降利率，或政府發布政策性利多等都是事實。一位成功的投機客，應當是對於事實迅速做出正確反應而不是猶豫不決，但是預言則是無中生有，妄想利用科學方法企圖掌握不可知的未來，甚至妄想利用神秘的宗教力量如紫微斗數，預言股市行情的上漲或下跌。例如觀察星象預言某公司獲利將大幅成長，或預言2008年底以前，股市指數將上漲至兩萬點，都是紫微斗數計算的結果。

(2)預測未來的趨勢而非絕對數字：預測股價的正確態度，應該是預測未來漲跌的趨勢，而不是最高點或最低點的絕對數字。例如當低點買進的訊號出現時（市場充滿悲觀及成交量創新低時），投機客迅速反應是買進的機會而勇於進場，切記不要妄想使用科學模型，計算出精確的買點，再做出買進的決策，往往是徒勞無功且錯失機會。低點發生的事實尚未出現前（充滿悲觀及創新低量），不要主觀的預言低點將落在何處，例如當2008年

5月20日後，大盤反應經濟面不利因素，呈現空頭趨勢時，不要主觀判斷指數將在何處落底，猶記得市場多數人認為7800點應該是最低點，但事後證明看法錯誤，因為當時市場尚未出現極度悲觀，及成交量創新低量的事實。

再例如預測公司的未來獲利，應著重在未來成長的趨勢，而不是未來 EPS 的絕對數字。績優公司獲利成長的條件，包括誠信佳，聚焦於本業及高市佔率等，只要能確實掌握績優公司，符合上述條件的事實，就可以研判該公司股價，未來將有漲升的條件，切勿妄想投入精力，企圖精準的預言獲利的絕對數字。尤其不要妄想準確預估兩年或三年後的獲利數字，例如某外商投信竟然獨創一套預言方法，企圖預言每一家公司未來五年的獲利數字，搞得研究員投入大量時間，預測毫無意義的數字，且對績效提升毫無幫助；同樣地許多分析師及散戶，都投入太多時間收集資料，一則妄想準確預估大盤的買點及賣點，二則妄想準確預估個股獲利數字，但是影響股市及個股獲利的因素何其複雜，沒有人可以掌握未來的利多或利空因素。因此投機的正確態度，應該是當利多或利空事實發生時，迅速做出研判事實如何影響股價的未來，做出買進、賣出或持股續抱的決策，而不是投入許多精力，妄想準確預估未來。

例如2008年第三季，面板公司將有減產的事實且將發生虧損，此時投機客的決策是持續看壞面板股，或是等待買進的機會，即使是逆向操作買進，也不需要精準預測面板公司的獲利數字，只需要有一項預測能力，就是面板公司是否有持續成長的機會。再例如2008年上半年，所有DRAM公司皆發生嚴重虧損的事實，此時投機客是否逆向思考等待機會，或繼續看壞賣出。另外市場上竟然出現「紫微斗數預言法」，妄想利用毫無科學依據的神秘理論，來預言股市的買點或賣點，甚至利用人類崇拜上天的心理，試圖預言未來將發生的利多或利空，進而做成股票操作的建議。

(3)當重大事實發生時迅速做出決策：本人強調應該利用發生的事實做預測，不是否定預測的功能，成功投機客是能做出迅速反應，而不是能準確的預言未來。因為本人絕不相信巴菲特，科斯托蘭尼或彼得林區等人，能準確的預言未來股市的變化，因為他們的成功是掌握機會的來臨，做出正確判斷，如巴菲特利用美國金融危機時，買進高盛及奇異的股票。本人想再度說明，投機客不需要投入太多的精力去做預測，妄想利用準確的預測來消除風險，正確的預測心態應該是當事實發生時，如2007年美國次級房貸危機，2004年台灣總統被暗殺，2001年美國恐怖攻擊事件，2008年發生通膨危機或面板股宣布減

產，宏碁宣布併購國內外公司，友達宣布十年投資四千億擴產，鴻海宣布跨入筆計型電腦代工，及億光，聯電，奇美電宣布多角化等，正確做出買進或賣出的決策。

　　不需要投入時間在每年年初預言未來一年股市的高點及低點，甚至依據預言的結論做出買或賣的決策，此種決策風險將非常高；正確的做法應該是，未來一年發生重大變數時，立即做出反應，切勿妄想利用預測來消除風險，應該是做好風險管理，等待機會的來臨。因此本人深信成功的投機客，絕不是依靠精確的預測能力，而是當機會來臨時，做出正確的判斷，也就是說成功的投機客，並不是能準確的預測績優公司的獲利數字，而是當公司發生重大變數時，能做出正確的判斷，例如大投機客科斯托蘭尼，在美國汽車公司克萊斯勒發生財務危機而股價重挫時，勇於買進，其主要的判斷依據有兩點，一是美國汽車業仍有全球競爭力，二是相信艾科卡有能力逆轉該公司的經營，事後證明科斯托蘭尼做出正確反應，且大賺克萊斯勒由虧轉贏之股價飆漲價差。

　　或許有人會問，當事實發生時，是否股價已經充份反應而決策太慢，當然不會，主要原因：

(1)沒有人可準確的預測未來：一旦有重大變數出現時，將立即對股市產生影響，市場所有人都面臨相同的系統性風險，唯一的差別在於，成功投機客能夠迅速做出正確反應，可是大多數人卻是猶豫不決，甚至恐懼害怕，例

如2007年美國次級房貸危機，2004年台灣總統被暗殺，及2001年美國恐怖攻擊事件等，請問有人準確預測上述事件的發生嗎？且重大事件皆造成股價的重挫，試問有多少人採用危機入市，及逆勢操作的決策，或者是因恐懼害怕而賣出股票？

(2)對事實發生的認知不同：即使事實已經發生，每一個人對事實的解讀不同，且對未來產生何種影響，及影響程度如何，皆有不同的認知，例如2008年政黨再度輪替，新政府對於兩岸採取開放政策，包括取消投資上限，包機直航及開放大陸人士來台觀光等，對於台灣經濟是利多或是利空，則是見人見智，有人認為利多是因為可刺激經濟發展，但有人認為是利空，因為經濟發展過度依賴大陸，不利於台灣的創新，且不利於社會治安。再就個股的實例而言，2007年7月宏碁電腦宣布併購美國第四大電腦公司 GATEWAY 的事實發生時，市場多數人包括外資分析師等，都看壞此項購併案，且造成短期間宏碁股價的重挫近20%，但是卻有人逆勢加碼，因為成交量放大，宏碁股價在事實發生後的三個月內，由55元大漲至78元漲幅高達42%，試問除了少數關鍵人士外，有人準確預測購併事件的發生嗎？即使事實發生時，市場人士也是多空看法分歧，成功的投機客就是在機會來臨時，做出正確的決策，而不是依靠精準的預測能力。

(3)股票市場並非完全效率的市場：全世界絕大多數的股市
屬於半效率市場，因為股價並未充分反應未來的突發性
變數，既然不是完全效率的市場，則股價並未完全反映未
來的利多及利空，因此當利空出現造成股價重挫時，就是
投機機會的來臨，例如歷年來台灣股市的大波段買點。

　　股票市場的效率性可分為下列三種：

A.無效率市場：股價已經反映過去的資訊，但並未反映
現在及未來的資訊，例如當日的資訊有些人充分掌
握，仍然可以獲利，此種市場僅存在於資訊極度落後
的國家。

B.完全效率市場：股價已經完全反映過去，現在及未來
的資訊，身處完全效率市場，則沒有風險貼水的機
會，因為股價已經充份反映未來，甚至誇張的說，完
全效率市場可以準確預言，2007 年美國次級房貸危
機，2004 年台灣總統被暗殺，及 2001 年美國恐怖攻
擊事件等，因此身處完全效率市場，就無法利用股價
波動機會，達成理財目標，但是完全效率市場根本不
存在。

C.半效率市場：股價已經充份反映過去及現在資訊，但
是並未反映未來突發性資訊，因此只要能對突發性資
訊做出正確判斷，及掌握未來發展的趨勢，就能有獲
利的機會，當股價遭受突發性利空重挫時，成功投機

客應能正確判斷機會的來臨，隨著利空的消除，及回歸基本面的正面發展，股價將反映正面的利多，而恢復漲升的格局，例如2007年台灣的GNP成長率是5.7%，促使當年股市呈現多頭架構，因此當美國爆發次級房貸危機，促使股價重挫時（由9800點重挫至7300點），成功的投機客應是勇於進場買進股票，事後證明是正確的操作，因為股價由7300點回升至9500點。成功投機客必須做對兩件事情，一是掌握股價趨勢，就是選對績優股，二是突發性變數出現時，做出正確的判斷，就能在半效率市場，利用「買低賣高」的投機策略達成理財目標。

嚴罰內線交易降低資訊的不對稱性：在半效率市場，股價並未完全反映未來的利多及利空，所以可以預先得知資訊，從中獲取非法利潤，因此內線交易，就是重大資訊未公開前，預先買進或賣出股票，以獲取非法利潤，所謂資訊的不對稱性，就是公司內部相關人士，如董監事及經理人等，預先知道未來的重大訊息，一旦資訊公開將造成股價波動，從中獲取非法利潤，此時唯有司法介入，嚴格取締內線交易者，才可以大幅降低資訊的不對稱性，例如取締旺宏內線交易案，新竹商銀內線交易案，及明碁內線交易案等。

127

5、設停損點

(1)設停損點就是勇於認錯：設停損點的主要目的，在於勇
於認錯進而減少損失，因為在股市裡，每一位都會犯
錯，改正錯誤的最好辦法就是停損賣出，請記住當船正
要下沉時（也就是看錯行情時），不要祈禱要趕快跳離
船身（也就是停損賣出）。停損賣出需要勇氣與決斷
力，就跟面臨重大利空而勇於進場一樣，都需要有良
好的情緒管理，當然停損賣出不要輕易使用，因為若
經常使用，代表經常看錯行情，長期下來將累積大量
的損失。

(2)停損賣出的技巧：停損賣出就是勇於認錯，既是認錯就
表示看錯股市行情，或選錯個股，因此投機客要有很明
確的理由：研判行情及買進個股。當買進的理由改變而
看錯行情時，就應該勇於停損賣出。

　　停損賣出的技巧如下：

A.就股市行情而言：當看錯行情時，就應勇於退場，誠
如本人前面提到，研判股市行情的公式，資金＋信心
＝行情，當進場的理由是依據，資金及市場信心皆屬
於正面因素（如台幣升值及經濟成長佳），表示未來
是多頭行情，因而進場買股票，但因突發變數，促使
資金及市場信心，逆轉成負面因素（如台幣貶值及
經濟衰退），代表未來股市將轉變成空頭走勢，此時

應勇於認錯停損賣出，例如2008年政黨輪替後，預期利多政策，將刺激國內的經濟成長，加上外資及幾位知名分析師，推波助瀾高喊萬點以上，市場大好，吸引多數散戶加碼買進，惟事與願違，由於通膨壓力及美國再度爆發「二房」公司財務危機，預期當年度經濟成長率將比2007年差，造成5月20日後指數自高點下滑，此時若能勇於認錯停損賣出，必能大幅減少損失。但是請務必注意，若是突發性利空，或是短期性的利空（如319總統槍擊、424 SARS感染事件、911恐怖攻擊，及921大地震等），並不影響進場的基本理由（即資金面及經濟成長的正面因素），則應持股續抱，或甚至於逆勢加碼。

B.就持有個股而言：當持有個股的基本理由變化時，就應勇於認錯停損賣出，基本面改變指的是，公司的誠信出問題，或脫離於本業的多角化，或市佔率下降等。試就基本面改變的現象說明如下：

　a.當誠信及公司治理出問題時：本人已經說明選擇績優股的首要條件，就是誠信及公司治理佳，當公司的誠信及治理出問題時，就應勇於停損賣出，例如中華電信公司，2008年發生嚴重的外匯衍生性商品損失，依據瞭解該公司內稽內控出現問題，此時就應勇於認錯停損賣出，因為公司的嚴重虧損，並非

只是看錯匯率走勢，而是公司治理發生嚴重問題，
將不利於公司長期發展。

b. 當不再聚焦於本業時：當公司不再專注於本業時，
通常顯示未來獲利的發展值得存疑，因為不再聚焦
於本業的公司，通常面臨兩種狀況，一是本業的發
展面臨瓶頸，二是好大喜功追逐熱門行業。根據發
生的實例可以充份說明，從事多角化的公司，大都
遭遇獲利衰退的下場，甚至發生財務危機，最著名
的實例就是力霸集團，由最初的食品業，跨進紡織
業，然後銀行業，再投資電信業，最終面臨破產下
市的命運；再例如太電集團，由原始本業之電纜
業，轉投資營建業，再投資百貨業，最終面臨財務
危機的命運。至於目前上市公司從事多角化者，包
括某大電纜公司轉投資半導體業，再投資面板業，
造成集團的獲利率表現差，且股價也呈現弱勢；另
外某著名家電公司，轉投資面板業，再跨進熱門的
太陽能產業，促使集團的獲利率也是不盡理想；再
例如國內某大晶圓代工廠，轉投資印刷電路板，再
投資LED，及最近又成立新公司，追逐熱門行業太
陽能電池，造成該公司股價不斷創新低，猶記得若
干年前，該公司董事長承諾，將集中精力擴大產
能，務必趕上競爭對手拿下全球代工第一的市佔

率，但由於脫離本業的經營，同期間競爭對手卻專注於本業的大量投資，經過幾年的發展，兩家公司的營運績效，已經是天與地的差別，且股價也是近五倍的差距。其它許多上市公司都轉投資LED，及熱門之太陽能產業，請讀者對這些脫離本業的公司都要格外小心，本人遇見過一位客戶，曾持有某手機零件公司的股票，由於該公司產品手機按鍵，將面臨被觸控式面板替代的瓶頸，因此轉投資當時非常看好的軟板業，經過一段時期的發展並不順利，且獲利出現明顯衰退，因此本人建議該客戶，當機立斷勇於認錯停損賣出，當時指數在6000點，但是2007年當指數來到最高點9800點時，該公司股價仍停留在6000點價位，足以說明多角化獲利嚴重衰退的公司，其股價必然是弱勢。

　　2006年以來，油價突破每桶100美元且續創新高，進而帶動熱門產業的興起，包括太陽能及LED產業，這段期間吸引許多公司，前仆後繼的轉投資熱門產業，可以預見若干年後，這些熱門產業再度逆轉成惡性競爭的紅海市場，這些多角化公司，未來將面臨獲利衰退命運，因此本人將不會考慮，將這些追逐熱門產業的多角化公司，列入績優公司的投機組合名單中。

c.當市佔率下降時：當公司市佔率下降時，表示公司競爭能力也下降，可以預見獲利能力也將面臨衰退命運，造成競爭力下降的主要因素，包括錯誤的投資決策，產品創新能力不足，及新競爭公司的持續投入等，此時應勇於停損賣出，例如本人曾經建議基金經裡人，停損賣出 PCB 大廠華通股票，由於該公司投資巨額資金擴充產能，但良率始終無法達到大客戶的要求，竟然喪失大客戶的訂單，造成該公司競爭能力嚴重受損，且獲利能力大幅衰退，本人是在情況未明顯惡化前，建議停損賣出，事後證明停損賣出是正確的決策，因為該公司股價，由歷史最高價 200 元重挫至最低價 8 元。此種市佔率變動頻繁的情況，最容易發生在 IC 設計公司，例如曾經是一代股王的晶片組設計公司威盛，由於錯誤介入 CPU 產品，股價由歷史高價 600 元重挫至 15元。

至於突發性利空或是短期利空出現時，若是對公司的經營體質，或競爭能力沒有影響，如單月營收的衰退，或進入產業淡季，或股票股利的發放等，造成股價修正時，仍應持股續抱而不是停損賣出。

本人提出停損賣出的方法，皆是以基本面發生不利變化時，就必須勇於認錯停損賣出，包括資金及信心面呈現負面因素時，或個股之誠信出問題，不再聚焦於本業及市佔

率下降時，做為停損賣出的依據，但是這些方法的缺點，就是股價可能已經先行反映下跌一段，因此本人提出兩種補救方法：

(1)是持股集中，然後密切注意個股的變化：依據本人的實務經驗，只要能密切注意個股基本面變化，絕對有蛛絲馬跡，在不利因素惡化之前就停損賣出，且可避開大量的損失，例如PCB大廠華通股價自200元重挫至8元，及威盛股價自600元重挫至15元，只要能當機立斷停損賣出，仍然可以避開大量的損失，最怕的是分散持股，無法掌握個股基本面的不利變化，甚至已經出現惡化現象時，仍然不敢勇於停損賣出，最終結果就是嚴重套牢。時常聽到散戶說，股票套牢的家數高達50支以上，甚至套牢期間長達10年以上，這些都是持股過於分散，且不能當機立斷，勇於認錯停損賣出的惡果。

　　本人一再強調停損賣出，是股票操作控制風險的最後一道防線，絕對不要輕易使用，因此強烈建議，要投入大部份的時間選對績優股，且持股要集中，絕對不要短線操作，或聽信市場消息買進股票。

(2)是設定10%至15%的停損賣點：利用技術分析做為輔助的工具，當買進股票後跌幅超過10%至15%，且明顯較大盤弱勢時，此時技術指標至少提供兩項訊息，一是必須密切注意基本面變化，二是不能持續加碼，因為使用

基本面停損賣出的缺點，是股價會預先反映不利因素下
跌，若能採用10%至15%的停損賣點，能夠做為輔助風
險管理的工具之一。至於10%至15%停損賣點的方法，
完全是經驗累積的參考數字，沒有科學根據，讀者必須
持續的練習累積經驗，才能運用自如。

補充說明

（一）技術分析——提高股票投機能力的輔助工具

雖然本人一再強調，應投入大部份的時間，研究基本面的分析方法，然而技術分析，也可以做為提高股票操作能力的輔助工具，使用技術分析的大原則是——簡單化，且以成交量變化為主要根據。

技術分析，源自於美國著名的分析理論，包括道氏理論，葛蘭畢八大法則及費波南西時間序列等。初期的技術分析理論，主要適用於期貨操作的分析，技術分析理論，有三項重要假設基礎：

1. 股價會充份反映未來的利多或利空（stock price will discount everything）：由於股價會充份反映未來的利多或利空，因此可以利用技術分析理論，來預測未來股價的走勢，若當技術指標呈現弱勢時，表示股價將有下跌的壓力，同時也可預期公司獲利將出現衰退，相反地若當技術指標呈現強勢時，表示股價將有上漲的可能，同時也可預期公司獲利將出現成長。

2. 歷史會不斷重演（history will repeat inself）：當技術指標出現買進或賣出訊號時，根據歷史會不斷重演的假設，應可做為買進或賣出的依據，例如移動平均線形成黃金交叉或死亡交叉時，頭肩底型態突破頸線，或頭肩

頂型態跌破頸線，根據歷史會不斷重演的經驗法則，可以做為研判買進或賣出的依據。

3. 股價會跟隨多頭或空頭的趨勢（stock price will follow the trend）：一旦技術指標呈現多頭或空頭的趨勢，此種趨勢將會持續一段時間，直到技術指標出現反轉的訊號，如以月線研判，當技術指標出現多頭訊號時（當頭肩底型態形成，且股價突破頸線時），股價上漲趨勢可長達數年以上，當周線技術指標出現多頭訊號時，股價上漲趨勢將可延續數個月以上。

技術分析在研判兩件事情，一是研判空間，二是研判時間，空間就是研判股價的漲幅或跌幅，時間就是研判買進或賣出的時機，研判空間最常使用的技術理論，包括艾略特波浪理論，及各種股價的型態，研判時間最著明的理論，是費波南西時間序列1 1 2 3 5 8 13 21 34……等……。

針對技術分析理論，本人有下列幾點看法：

1. 空間研判的重要性大於時間研判

理論上，技術分析可以達成研判空間及時間的效果，也就是說買點與買進時機同時達成，但是依據本人的經驗，若想同時研判空間與時間的出現，將有兩個盲點，第一點是每個人對波的位置判斷，就如同瞎子摸象會有相當的差異，例如股價是進入主升段，或是初升段的末升段，第二點則是空

間的起漲點，如何與時間的起算點完美配合，也是公說公有
理，很難一致配合，曾經有位名氣頗大的波浪專家發表演講，
企圖利用波浪理論配合時間序列，研判未來行情的走勢，但卻
犯了空間的起漲點與時間的起算點出現矛盾的現象。

　　本人認為只要能利用技術指標，研判好的買點（即研判
空間），就可以大幅提高投機的成功機率，如果妄想買到起
漲點，往往是得不償失，因為依據過去底部的型態，股價開
始起漲時，通常呈現強勁的走勢，短期之內漲幅就高達15%
至20%以上，大多數人的心態是，等待回檔再買進，或甚至
不敢追高而沒有進場，最終錯失大波段獲利的機會，因此正
確的操作方法是，當技術指標出現買進訊號時（成交量創新
低且市場充滿恐懼時），就應該勇於進場買進績優股，雖然
忍受一段時間的套牢及時間的折磨，只要耐心持有績優股，
都能苦盡甘來達成獲利目標，俗話說春天播種，秋天收割就
是這個道理。

2. 技術指標的使用要簡單化

　　奇美公司創辦人許文龍說「簡則易知，易知則易行」，
技術分析工具的使用要簡單化，才能夠有效的運用指標來研
判買賣點，技術指標使用的目地，在於達成獲利的目標，不
是研究很多複雜理論，來表示個人很專業且很努力，本人經
常看到媒體分析師，利用很複雜的分析工具，例如同時使用

波浪裡論，移動平均線包括周線與年線，趨勢線，RSI及價量關係等，使用如此複雜的分析工具，不但浪費時間且效果有限，所造成的結果是「複雜則難知，難知則難行」。

3. 運用價量關係做研判

技術指標的使用要簡單化，就是運用價量關係做研判，其中以成交量的研判最具關鍵，因為成交量，代表市場人氣指標，或是市場信心指標，且代表股票籌碼的流向，有關運用價量關係做研判，只有一項大原則：

低量低點，高量高點

當成交量創新低量時，表示市場多數人看空，因為看空所以沒有持股，當多數人看空沒有股票時，表示股票已經流向少數人手中，當多數股票流向少數人手中，表示籌碼集中，應有利於股價的上漲；相反地當成交量創新高量時，表示市場多數人看多，因為看多所以持有股票，當多數人看多持有股票時，表示股票已經流向多數人手中，當多數股票流向多數人手中，表示籌碼分散，將不利於股價的上漲。因此大投機家科斯托藍尼說過：「當市場創新低量而恐慌時，我們應該要貪婪，當市場創新高量而貪婪時，我們應該要恐慌」，此種理論也就是巴菲特所說的「逆勢操作」。

另外，讀者務必認清，成交量是相對數字的概念，而不是絕對數字，例如2007年的多頭市場，當成交量低於800億

時，指數出現低點，當成交量將近 3000 億時，指數出現高點，但是 2001 年空頭市場時，當成交量低於 500 億時，指數來到低點，成交量出現近 2000 億時，指數則位在高點 所以讀者不要陷入公式化的科學決策，採用絕對成交量的數字判斷買賣點，例如不要制式化認為，成交量 800 億時是低點，成交量 3000 億時是高點。

技術分析使用的效果，有賴於經驗累積加上運氣，千萬不要沉溺於機械式，或模型化的科學操作，不要公式化認為，當平均線形成黃金交叉時，就要勇於買進，因為短期的黃金交叉，有可能因股價的回檔修正，再度成為死亡交叉，再如技術指標 RSI 低於 30 時，應該是買進訊號，但技術指標經常出現低檔鈍化現象，因而失去指標的有效性。

本人再度強調股價的研判是「科學的分析，但是藝術的決策」，技術分析的有效性，必須是持續的練習及累續經驗，才能提高研判的正確性，千萬不要妄想用技術分析消除風險，因為風險管理的正確方法是，做好資產配置，使用閒置資金及選對股票等，才是正本清源之道。

(二) 論高股息投資

高股息投資，就是買進有高現金配息能力的股票，由於某公司具備長期穩定的獲利，且每年皆可分配高現金股利，

換算成每年的報酬率,較銀行定存利率高且風險低,簡單而
言高股息投資,就是鼓勵投資人將資金投入風險低,且較銀
行定存利率高的股票投資,例如中華電信公司 2004 年,2005
年及 2006 年,連續三年的現金股利分別是 4.7 元 4.3 元及 3.58
元,若以平均持股成本 58 元計算,每年的股息報酬率分別是
8.1%, 7.4% 及 6.2%,都較銀行的定存利率高,其他市場認
同的高股息概念股如台塑及中鋼等 近年來有許多理財專家,
都建議投資人將資金投入高配息的股票,可享受風險低且較
銀行定存利率高的好處,甚至有些投信公司發行高股息基
金,將現金發給投信公司,再轉發給基金受益人。

　　對於高股息投資,本人有幾點看法:

1. 忽略潛在的風險

　　高股息投資的最大潛在風險,就是投資人完全忽略高配
息公司,獲利能力仍有下滑的可能性,一旦公司的獲利能力
下降時,則高現金配息能力將受到影響,甚至股價也呈現
下跌趨勢,高股息投資的最大假設基礎是,公司未來 10 年
或 20 年以上,每年皆維持穩定且高配息能力,且至少有配
息 3 元以上的實力,但是哪一家高配息公司的經營階層,可
以信誓旦旦保證,未來 10 年或 20 年以上,每年皆維持穩定
且配息 3 元以上的實力,現在看起來獲利穩定且高配息的公
司,不能保證仍能維持穩定且高配息的能力。

想想看 1980 年至 1990 年代，台灣最夯的行業包括銀行業，及非電子公司的龍頭公司等，當時也是高獲利的公司，如今大多數公司，每年的 EPS 已巨幅下降至 2 元以下，且毫無高配息的能力，再如美國著名的公司包括 IBM， AT&T，GM 及 FORD 等，當 1950 年至 2000 年間，在各產業領域中獨領風騷且顯赫一時，當時也被投資人視為高配息的藍籌股，如今在電腦業，DELL 公司已經超過 IBM 公司，AT&T 公司已經被購併，及日本的 TOYOTA 市佔率，已經超過 GM 及 FORD 汽車公司，甚至 FORD 公司已經發生嚴重虧損，且股價也巨幅重挫，上述實例再度說明，沒有人可以準確預測，長達 10 年或 20 年以上的獲利發展。

理財專家大力推薦高股息投資，主要背景是台灣股市經過數十年來的發展，多數散戶皆慘遭套牢，且無力利用股市波動來賺取價差，加上國內利率水準下降至歷史低點，因此提出高股息投資理論，說服投資人將資金投入低風險，且較銀行定存利率高的投資策略，本人認為高股息投資策略，將完全誤導投資大眾。

2. 混淆投資與投機的差別

投資是每年賺取固定的收益，而且是低報酬低風險，固定收益指的是利息收入及租金收入，但是投機則是賺取價差為主，而且是高報酬高風險，投資就是買進低報酬低風險的

金融商品，包括銀行定存，政府公債及收取租金等稱為投資人，投機則是買進高報酬高風險的金融商品，包括股票及不動產，且以賺價差為主稱為投機客。

投資人的定義是每年賺取固定收益，但高股息投資，則不屬於固定收益型的投資，因為現金股息的發放，並不是固定的收益，例如中華電信公司 2004 年、2005 年及 2006 年，連續三年的現金股利分別是 4.7 元，4.3 元及 3.58 元，而且不能保證每年的現金股息都是固定不變，因此投資人將被誤導，用投資的心態長期持有，股息不是固定收益的股票，因而完全忽略股價下跌的風險，如中華電信股價在2008年10月由78元重挫至48元，跌幅高達38%。

至於投機客則是以賺取價差為主，利用金融市場價格波動的機會賺取價差，例如突發性利空造成股價下跌時，勇於進場買進股票，或研判未來利率將下跌而買進債券，或研判不動產市場將進入多頭而買進不動產，投機客研判買進時機，進場買進股票，或債券，或不動產，且耐心持有，研判賣出時機賣出以賺取價差，因此成功的投機客，就是耐心等待買賣的機會，迅速做出買賣的決策以賺取價差。

投資與投機的差別，不應該以持有時間長短來區別，市場誤認為投資就是持有一年以上，投機就是持有一年以下，請問某投資人持有金融商品一年以上，但以賺取價差為主，這是投資嗎？再請問某投機客持有金融商品一年以上，這是投資嗎？只要是以賺取價差為主，無論持有時間長短都稱為

是「投機」，投機股票也可以長達一年，三年或甚至五年以上，只要是以賺取價差為主都是。

明瞭投資與投機的差別，就會大夢初醒，原來買進高配息的股票而長期持有，美其名是長期投資，事實上根本不能稱作投資，因為股息發放絕對無法是固定的，甚至多數人心裡面，仍然期待股價上漲賺取價差，可以說是「披著投資羊皮」的投機客，披著「投資羊皮」的投機客，將會深陷極度風險而毫無防範，因為披著高配息投資的投機，將隱藏下列風險，一是忽略股價下跌的風險，二是未做好資產配置，誤將投資資金（原來規畫賺取固定收益）投入高配息股票，三是誤採擴張信用方式，買進高配息股票，以為可以發揮財務槓桿效果（現金股息報酬率大於利息成本）。

有一個實例可以充份說明，高股息投資的潛在風險。在美國有一位員工在福特公司工作長達 20 年以上，由於公司實施的員工配股制度，長期累積下來，持有相當數量福特公司的股票，由於福特公司的高獲利及高配息時代，該名員工每年享有豐厚的現金股息收入，讓他的生活無憂無慮，同時他也利用高現金收入向銀行借貸，買進一棟大坪數的住宅，心想每年可以現金股息償還銀行借款，另外他又向銀行借款，從市場買進更多福特的股票，規劃退休時，每年只要分配公司的高股息，就可以享受快樂的退休生活，但是事與願違，自 2000 年代以來，福特公司的獲利能力大幅下降，且股價也

自高檔重挫，每年的高股息發放政策也大幅逆轉，甚至因虧損而無法發放股息。當福特公司的經營出現敗象時，曾經有證券公司的營業員向該員工提出警告，建議他賣出股票贖回現金，且償還銀行的借款，但是該員工仍然堅信，福特公司的高股息政策，會持續到永遠，加上理財專家說要長期投資高配息股票，最終結果是，該員工退休後深陷沉重的財務負擔（取材自《蘇黎士投機定律》一書）。

3. 投資無法達成理財的目標

前面已經清楚定義，投資是每年領取固定的收益，此種報酬率必然很低，本人再度強調絕不可能用投資方法，包括銀行定存及政府公債方式，達成理財退休及致富的目標，現在用複利公式例子說明如下，假設有一位35歲的投資人，將30萬放在銀行定存，平均每年是3%的報酬率，預計20年後的本利合是54萬，但是一位35歲的投機客，用30萬操作股票，平均每年是15%的報酬率，預計20年後的本利合是491萬，投機的利潤遠大於投資近9倍，因為影響複利效果的兩項主要因素，包括時間及報酬率，當時間都是20年時，則報酬率愈高複利效果愈巨大，也就是說唯有將資金投入風險（即投機股票），才能達成理財退休及致富的目標。

　　本書努力闡明投資與投機的差別，且持續強調投機理財的重要性，投資的目的在於保本，每年賺取固定收益的低風險利潤，因此無法經由投資達成理財目標，投機則是在於賺取價差為主，將資金投入風險性商品——股票，長期下來，透過複利累積的巨大效果，必能達成理財目標。

　　正確操作高配息股票的方法，應該是以投機賺價差的心態，買進高配息的績優股，在尚未達到目標賣點之前，若適逢公司發放現金股息，自然的參與配息或說參加除息，但絕不是因為高股息而買進股票，若能選對高股息的績優成長股，且利用危機入市買進，耐心持有，不但能享受高配息，且又能賺取價差，則預估雙重利潤的報酬率，將遠高於僅有高配息的投資。

　　最後，我再談一個觀點，投資人若要以保本為目的，應該是銀行定存，政府公債，年金保險或儲蓄保險等，但千萬不要以保本或賺固定收益的心態，買進高股息股票，因為當任何人持有股票時，就絕對會面臨系統性及非系統性風險，一旦用投資的心態買進高股息股票，很容易忽略潛在的風險，而身陷極高風險之中，因此本人對高股息投資的結論是，既非投資（因為高股息不是固定的收益），也不是投機（因為不以賺價差為目的）的「二不像」理財法。

(三)論保本投資

保本投資就是確保本金獲得充份保障,適用於無退休憂慮的有錢人,保本方法有下列兩項:

1. 固定收益的投資

本人已經在前面說明,投資就是每年賺取固定的收益,且同時本金將獲得充份保障,主要商品包括:

(1)銀行定存:將資金存入銀行買進長天期的定存,如兩年期或三年期,每年賺取固定的利息收入,但是請注意兩點,一是要存入信譽良好的銀行,二是要分散於不同的銀行。自從 1990 年政府開放新銀行設立後,歷經長期的競爭及金融環境的惡化,已經有中興銀行及中華銀行發生倒弊,銀行不會倒的神話已經徹底瓦解,投資人仍須謹慎選擇信譽良好的銀行,以避免定存式的保本投資,變成高風險但是低利潤的投資。

(2)政府公債:持有政府公債至到期日,且每年領取固定利息將是毫無風險的投資,因為持有至到期日,將可以完全消除三種風險,一是價格波動的風險,二是違約交割的風險,三是流動性風險,因為持有至到期,可以不須害怕利率波動的風險,不須害怕政府會違約交割,及政府公債流通也方便。

(3)定期儲蓄保險：例如六年期儲蓄保險，平均每年稅後的報酬率略高於定存利率，因為保單利息收入不須繳個人綜合所得稅，也是另一種可以考慮的保本型投資商品，但仍然要慎選信譽良好的保險公司。

2. 購買結構性商品

結構性商品的最大特色就是保本但不保息，也就是說金融機構將投資人的利息收入，用來操作高風險性的商品，例如股票，國外債券，國內外基金，及各種衍生性商品包括期貨，選擇權等。對投資人而言，購買結構性商品的最大損失，只是利息收入，然而預期的利潤將非常高，只要金融機構所聯結的高風險性商品，呈現大多頭行情，換句話說，投資人是犧牲利息收入來追求較高的報酬率，所以稱為保本但不保息的結構性商品。

但是很不幸，在台灣結構性商品的發展過程，卻演變成不保本且不保息的投機型商品，由於銀行與存款人溝通不良，促使銀行投入的資金也包括存款人的本金，當面臨美國次極房貸風暴，及全球高通膨的空頭影響下，銀行所聯結的高風險性商品，皆大幅虧損，進而使存款人的本金也發生嚴重損失。近來有許多糾紛，因為購買不保本且不保息的投機型結構性商品，實例如有一對夫妻經營小企業一輩子的時間，辛苦存兩千萬資金，在銀行理專推薦下，將兩千萬存款

購買不保本且不保息的投機型商品,經過兩年的時間,原來
兩千萬的存款竟然只剩下三百萬,損失一千七百萬,虧損率
高達85%。發生糾紛的主要原因是,該銀行理專告訴此對夫
妻,購買的結構性商品是保本型商品,且報酬率較銀行定存
高,但事實上,此結構性商品,是不保本及不保息的投機型
商品,且契約上白紙黑字寫著「本產品非保本型產品,請
投資人注意投資風險」。本人認為造成此案件糾紛的兩點原
因,一是該銀行理專為達成業績績效,隱瞞該結構性商品
是高風險商品,二是此對夫妻不了解複雜的商品,加上一
時貪念,竟然相信有金融商品,是保本且較銀行定存高一
倍以上。

　　本人再次誠懇的呼籲讀者,務必分辨投資與投機的不
同,且投資與投機的大原則「投資是低風險,低報酬,但投
機是高風險,高報酬」。當讀者心裡想的是資金保本,請記
得將資金投入低風險商品,包括銀行定存,儲蓄型保單,及
保本型的結構性商品,但絕對無法透過保本投資,達成理財
目標,當讀者心裡想的是達成理財目標,享受退休生活或致
富,請記得將資金投入高風險的商品——股票,一般而言,
生活無慮有錢人,投資理財當以保本及固定收益為目的,然
而有退休壓力者,當以投機理財方式達成理財目標。

　　本書就是教導讀者成為一位成功投機客,利用投機理財
達成享受退休生活或致富,因為成功投機客是等待機會來臨

時，迅速做出決策將資金投入風險中，長期累積下來，透過複利的巨大效果達成理財目標。

（四）論懶人投資法

懶人投資法源自於華爾街有名的投資理論「漫步華爾街（或稱隨機投資法）」。有一派分析師，經過長期研究股票波動發現，就長期而言，所有的股票都會漲，因此只要丟飛鏢，隨便射中一支股票就可以買進，被射中的股票，根本不需要花時間辛苦收集資料，研究個股的基本面及技術面，因此國人東施效顰且更加露骨的命名為「懶人投資法」（或說隨便買，隨時買），並利用此響亮的名詞打動散戶，將資金投入國內外基金，及加入定期定額扣款的行列，因為既然長期而言，所有的股票都會上漲，加上上班族沒有時間研究股票，所以發展成一派理論稱為「懶人投資法」（或稱為隨便買，隨時買）。

本人慎重的告訴讀者，股票的操作是「簡易投機法」，但絕對不是懶人投資法，也許應該修正為懶人投機法（定義為隨便買進一支股票賺取價差） 本人寫此書的目地是教導讀者，利用「買低賣高」的簡易投機法，達成理財的兩項目標享受退休生活或致富，*簡易投機法的精隨就是選對績優股，然後逆勢操作及耐心持有*。本書也一直強調要簡化分析

方法，例如正確解讀已發生的資訊，而不是妄想準確預言未來，或妄想精確預測公司的營運數字，要閱讀有用的資訊，而不是很多資訊，要簡化技術分析工具用成交量，而不是很複雜的工具。長期以來，股市存在似是而非的觀念，使讀者誤以為，股票投機需要花很多時間，及專業的知識，加上所有股票都會漲的誤導，進而讓懶人投機法或是隨便買隨時買的理論，流傳於國內股市。

請讀者回顧本書提出的實例，被掏空的公司如博達、中興銀行、遠東航空，本業衰退的多角化公司如久津食品，好大喜功的多角化公司如力霸、太電集團，及錯誤多角化公司如歌林、華通、矽統、威盛、毅嘉，加上許多偏離本業的多角化公司，仍隱藏在上市上櫃公司中，讀者若採取懶人投機法或是隨便買股票，將是非常危險的操作方法，只要誤踩一支地雷股，將可能使理財目標前功盡棄。

本人教導讀者「簡易投機法」，只要花點時間研究個股的誠信度，聚焦於本業及市佔率等資訊，然後精選出五支以內的股票，成為投機操作的股票組合，因此本書強調的論點是「簡易」，但絕不是懶人，事實上大部分的理財專家都認為，做好理財工作必須要有充份的準備，包括資產配置，風險管理及選對績優股等，但是懶人投機法絕對無法達成理財目標，套句美女人常說的一句話「只有懶女人沒有醜女人」，做好理財工作必須長時間持續的投入，才能累積經驗及智慧，投機理財可以簡單化，但是絕對不能懶散或隨便。

附表　複利因子之計算公式

＊試舉例說明如何使用本表

例1：今假設有一投機客三十五歲，閒置資金有三十萬，股
票投機之年報酬率15%，則二十年後本利和是多少？

　　　查表得知二十年之期數，相對於15% 的報酬率得
知複利因子是16.367，所以本利和是 300,000 x 16.367 ＝
4,910,100

例2：今假設有一投機客三十五歲，閒置資金有二十萬，股
票投機之年報酬率20%，則二十年後本利和是多少？

　　　查表得知二十年之期數，相對於 20% 的報酬
率得知複利因子是38.338，所以本利和是 200,000 x
38.338 = 7,667,600

例3：今假設有一投機客四十歲，閒置資金有六十萬，股票
投機之年報酬率15%，則十五年後本利和是多少？

　　　查表得知十五年之期數，相對於 15% 的報酬
率得知複利因子是 8.1371 所以本利和是 600,000 x
8.1371 = 4,882,260

複利因子表　FVn=(1+I)n

*FV＞99.99

期數	1%	2%	3%	4%	5%	6%	7%	8%	9%
1	1.0100	1.0200	1.0300	1.0400	1.0500	1.0600	1.0700	1.0800	1.0900
2	1.0201	1.0404	1.0609	1.0815	1.1025	1.1236	1.449	1.1664	1.1881
3	1.0303	1.0612	1.0927	1.1249	1.1576	1.1910	1.2250	1.2597	1.2950
4	1.0406	1.0824	1.1255	1.1699	1.2155	1.2625	1.3106	1.3605	1.4116
5	1.0510	1.1041	1.1593	1.2167	1.2763	1.3382	1.4026	1.4693	1.5386
6	1.0615	1.1262	1.1941	1.2653	1.3401	1.4185	1.5007	1.5869	1.6771
7	1.0721	1.1487	1.2299	1.3159	1.4071	1.5036	1.6058	1.7138	1.8280
8	1.0829	1.1717	1.2668	1.3159	1.4071	1.5036	1.6058	1.7138	1.8280
9	1.0937	1.1951	1.3048	1.4233	1.5513	1.6895	1.8385	1.9990	2.1719
10	1.1046	1.2190	1.3439	1.4802	1.6289	1.7908	1.9672	2.1589	2.3674
11	1.1157	1.2434	1.3842	1.5395	1.7103	1.8983	2.1049	2.3316	2.5804
12	1.1268	1.2682	1.4258	1.6010	1.7959	2.0122	2.2522	2.5182	2.3674
13	1.1381	1.2936	1.4685	1.6651	1.8856	2.1329	2.4098	2.7196	3.0658
14	1.1495	1.3195	1.5126	1.7317	1.9799	2.2609	2.5785	2.9372	3.3417
15	1.1610	1.3459	1.5580	1.8009	2.0789	2.3966	2.7590	3.1722	3.6425
16	1.1726	1.3728	1.6047	1.8730	2.1829	2.5404	2.9500	3.4259	3.9703
17	1.1843	1.4002	1.6528	1.9479	2.2920	2.6928	3.1588	3.7000	4.3276
18	1.1961	1.4282	1.7024	2.0258	2.4066	2.8543	3.3799	3.9960	4.7171
19	1.2081	1.4568	1.7535	2.1068	2.5270	3.0256	3.6165	4.3157	5.1417
20	1.2202	1.4859	1.8061	2.1911	2.6533	3.2071	3.8697	4.6610	5.6044
21	1.2324	1.5157	1.8603	2.2788	2.7860	3.3996	4.1406	5.0338	6.6586
22	1.2447	1.5460	1.9161	2.3699	2.9253	3.6035	4.4304	5.4365	6.6586
23	1.2572	1.5769	1.9736	2.4647	3.0715	3.8197	4.7405	5.8715	7.2579
24	1.2697	1.6084	2.0328	2.5633	3.2251	4.0489	5.0724	6.3412	7.9111
25	1.2824	1.6406	2.0938	2.6658	3.3864	4.2919	5.4274	6.8485	8.6231
26	1.2953	1.6734	2.1566	2.7725	3.5557	4.5494	5.8074	7.3964	9.3992
27	1.3082	1.7069	2.2213	2.8834	3.7335	4.8223	4.2139	7.9881	10.245
28	1.3213	1.7410	2.2879	2.6654	3.9201	5.1117	6.6488	8.6271	11.167
29	1.3345	1.7758	2.3566	3.1187	4.1161	5.4184	7.1143	9.3173	12.172
30	1.3478	1.8114	2.4273	3.2434	4.3219	5.7435	7.6123	10.063	13.268
40	1.4889	2.2080	3.2620	4.3010	7.0400	10.286	14.974	21.725	31.406
50	16446	2.6916	4.3839	7.1067	11.467	18.420	29.457	46.920	74.358
60	1.8167	3.2810	5.8916	10.520	18.679	32.988	57.946	101.26	176.03

期數	12%	14%	15%	16%	18%	20%	24%	28%	32%	36%
1	1.1200	1.1400	1.1500	1.1600	1.1800	1.2000	1.2400	1.2800	1.3200	1.3600
2	1.2544	1.2996	1.3225	1.3456	1.3924	1.4400	1.5376	1.6384	1.7424	1.8496
3	1.4049	1.4815	1.5209	1.5609	1.6430	1.7280	1.9066	2.0972	2.3000	2.5155
4	1.5735	1.6890	1.7490	1.8106	1.9388	2.0736	2.3642	2.6844	3.0360	3.4210
5	1.7623	1.9254	2.0114	2.1003	2.2878	2.4883	2.9316	3.4360	4.0075	4.6526
6	1.9738	2.1950	2.31313	2.4364	2.6996	2.9860	3.6352	4.3980	5.2899	6.3275
7	2.2107	2.5023	2.6600	2.8262	3.1855	3.5832	4.5077	5.6295	6.9826	8.6054
8	2.4760	2.8526	3.0590	3.2784	3.7589	4.2995	5.5895	7.2058	9.2170	11.703
9	2.7731	3.2519	3.5179	3.8030	4.4355	5.1598	6.9310	9.2234	12.166	15.917
10	3.1058	3.7072	4.0456	4.4114	5.2338	6.1917	8.5944	11.806	16.060	21.647
11	3.4785	4.2262	4.6524	5.1173	6.1759	7.4301	10.657	15.112	21.99	29439
12	3.8960	4.8179	4.6524	5.1173	4.1759	7.4301	10.657	15.112	21.199	29.439
13	4.3635	5.4924	6.1528	6.8858	8.5994	10.699	16.386	24.759	36.937	54.451
14	4.8871	6.2613	7.0757	7.9875	10.147	15.407	20.319	31.691	48.757	74.053
15	5.4736	7.1379	8.1371	9.2655	11.974	15.407	25.196	40.565	64.359	100.71
16	6.1304	8.1372	9.3576	10.748	14.129	18.488	31.243	51.92	84.954	136.97
17	6.8660	9.2765	10.761	12.468	160.672	22.186	38.741	66.461	112.14	186.28
18	7.6900	10.575	12.375	14.463	19.673	26.623	48.039	85.071	148.02	253.34
19	8.6128	12.056	14.232	16.777	23.214	31.948	59.568	108.89	195.39	344.54
20	9.6463	13.743	16.367	19.461	27.393	38.338	73.864	139.38	257.92	468.57
21	10.804	15.668	18.822	22.574	32.324	46.005	91.592	178.41	340.45	637.26
22	12.100	17.861	21.645	26.186	38.142	55.206	113.57	228.36	449.39	866.67
23	13.552	20.362	24.891	30.376	45.008	66.247	140.83	292.30	593.20	1178.7
24	15.179	23.212	28.625	35.236	53.109	79.497	174.63	374.14	783.02	1603.0
25	17.000	26.462	32.919	40.874	62.669	950396	216.54	478.90	1033.6	2180.1
26	19.040	30.167	37.857	47.414	73.949	114.48	268.51	613.00	1364.3	2964.9
27	21.325	34.390	43.535	55.000	87.260	137.37	332.95	784.64	1800.9	4032.3
28	23.884	39.204	50.066	63.800	102.97	164.84	412.86	1004.3	2377.2	5486.9
29	56.750	44.693	57.575	74.009	121.50	197081	511.95	1285.6	3137.9	7458.1
30	29.960	50.950	66.212	85.850	143.37	237.38	634.82	1645.5	4142.1	10143
40	93.051	188.88	267.86	378.72	750.38	1469.8	5455.9	19427	55621	⋯
50	289.00	700.23	1083.7	1670.7	3927.4	9100.4	46890	⋯	⋯	⋯
60	897.60	2595.9	4384.0	7370.2	205.2	20555	56348	⋯	⋯	⋯

參考書目

《蘇黎世投機定律》，Max Gunther，寰宇出版社，2007.03

《一位投機者的告白》，Andre Kostolany，商智文化，2003.10.29

《從優秀到卓越》，Jim Collins，遠流出版社，2007.10.01

《基業長青》，James Collins，智庫文化，2003.12

《從核心擴張》，Chris Zook& James Allen，商智文化，2003.1.21

《富爸爸與窮爸爸》，Robert kiyosaki& Sharon Lechter，世界圖書出版，2001.01

《理財EQ》，黃培源，商周出版，1998.05.20

《致富，從建立正確的心態開始》，Mike Summey& Roger Dawson 麥格羅‧希爾，2005.10

《先別急著吃棉花糖》，喬辛‧波沙達&愛倫‧辛格，方智出版，2008.01

《藍海策略》，W.Chan Kim& Renee Mauborgne，天下遠見，2007.04.10

國家圖書館出版品預行編目

投機理財——股票投機的簡易操作 / 朱文祥著.-- 一版.
-- 臺北市 :秀威資訊科技 , 2008.11
　　面；　　　公分. --(商業企管類 ; PI0012)

BOD版
參考書目 :面
ISBN　978-986-221-109-0（平裝）

1.理財　2.股票投資　3.投資分析　4.投資技術

563.5　　　　　　　　　　　　97020368

商業企管類　PI0012

投機理財——股票投機的簡易操作

作　　　者 / 朱文祥
發　行　人 / 宋政坤
執 行 編 輯 / 黃姣潔
圖 文 排 版 / 郭雅雯
封 面 設 計 / 陳佩蓉
數 位 轉 譯 / 徐真玉　沈裕閔
圖 書 銷 售 / 林怡君
法 律 顧 問 / 毛國樑　律師
出 版 印 製 / 秀威資訊科技股份有限公司
　　　　　　台北市內湖區瑞光路583巷25號1樓
　　　　　　電話：02-2657-9211　傳真：02-2657-9106
　　　　　　E-mail：service@showwe.com.tw
經　銷　商 / 紅螞蟻圖書有限公司
　　　　　　台北市內湖區舊宗路二段121巷28、32號4樓
　　　　　　電話：02-2795-3656　傳真：02-2795-4100
　　　　　　http://www.e-redant.com

2008 年 11 月　BOD 一版
定價：190 元

讀　者　回　函　卡

感謝您購買本書，為提升服務品質，煩請填寫以下問卷，收到您的寶貴意見後，我們會仔細收藏記錄並回贈紀念品，謝謝！

1. 您購買的書名：＿＿＿＿＿＿＿＿＿＿＿＿＿＿＿＿＿＿＿＿＿

2. 您從何得知本書的消息？

　□網路書店　□部落格　□資料庫搜尋　□書訊　□電子報　□書店

　□平面媒體　□ 朋友推薦　□網站推薦 □其他＿＿＿＿＿＿

3. 您對本書的評價：(請填代號　1.非常滿意 2.滿意 3.尚可 4.再改進)

　封面設計＿＿　版面編排＿＿　內容＿＿　文/譯筆＿＿　價格＿＿

4. 讀完書後您覺得：

　□很有收穫　□有收穫　□收穫不多　□沒收穫

5. 您會推薦本書給朋友嗎？

　□會　□不會，為什麼？＿＿＿＿＿＿＿＿＿＿＿＿＿＿＿＿＿

6. 其他寶貴的意見：＿＿＿＿＿＿＿＿＿＿＿＿＿＿＿＿＿＿＿＿＿

＿＿＿＿＿＿＿＿＿＿＿＿＿＿＿＿＿＿＿＿＿＿＿＿＿＿＿＿＿＿＿

＿＿＿＿＿＿＿＿＿＿＿＿＿＿＿＿＿＿＿＿＿＿＿＿＿＿＿＿＿＿＿

＿＿＿＿＿＿＿＿＿＿＿＿＿＿＿＿＿＿＿＿＿＿＿＿＿＿＿＿＿＿＿

讀者基本資料

姓名：＿＿＿＿＿＿＿＿＿＿　年齡：＿＿＿＿　性別：□女 □男

聯絡電話：＿＿＿＿＿＿＿＿　E-mail：＿＿＿＿＿＿＿＿＿＿

地址：＿＿＿＿＿＿＿＿＿＿＿＿＿＿＿＿＿＿＿＿＿＿＿＿＿＿

學歷：□高中(含)以下　　□高中　□專科學校　□大學

　　　□研究所(含)以上 □其他＿＿＿＿＿＿＿＿

職業：□製造業 □金融業 □資訊業 □軍警 □傳播業 □自由業

　　　□服務業 □公務員 □教職　□學生 □其他＿＿＿＿＿＿

- -

(請沿線對摺寄回,謝謝!)

秀威與 BOD

BOD（Books On Demand）是數位出版的大趨勢，秀威資訊率先運用 POD 數位印刷設備來生產書籍，並提供作者全程數位出版服務，致使書籍產銷零庫存，知識傳承不絕版，目前已開闢以下書系：

一、BOD 學術著作—專業論述的閱讀延伸
二、BOD 個人著作—分享生命的心路歷程
三、BOD 旅遊著作—個人深度旅遊文學創作
四、BOD 大陸學者—大陸專業學者學術出版
五、POD 獨家經銷—數位產製的代發行書籍

BOD 秀威網路書店：www.showwe.com.tw
政府出版品網路書店：www.govbooks.com.tw

永不絕版的故事·自己寫·永不休止的音符·自己唱